Claude Labrecque

LES VOILIERS DU CRÉPUSCULE

Essai sur les nouvelles planches de salut

(Sectes et gnoses)

Éditions Paulines & Médiaspaul

Composition et mise en page: *Les Éditions Paulines*

Maquette de la couverture: *Jean Villemaire*

ISBN 2-89039-087-X

Imprimatur: *Jean-Marie Fortier, ep.*, Sherbrooke, le 21 février 1986

Dépôt légal — 3e trimestre 1986
Bibliothèque nationale du Québec
Bibliothèque nationale du Canada

© 1986 Les Éditions Paulines
      3965, boul. Henri-Bourassa est
      Montréal, Qué., H1H 1L1

      Médiaspaul
      8, rue Madame
      75006 Paris

Aussitôt, Jésus obligea les disciples à remonter dans la barque et à le précéder sur l'autre rive...

La barque se trouvait déjà à plusieurs centaines de mètres de la terre; elle était battue par les vagues, le vent étant contraire. Vers la fin de la nuit, Il vint vers eux, en marchant sur la mer...

Et Pierre, descendu de la barque, marcha sur les eaux et alla vers Jésus...

Mt 14, 22, 24-25, 29

AVANT-PROPOS

Plusieurs excellents ouvrages ont été publiés chez nous et ailleurs sur cette question des nouvelles religions et des groupes de recherche spirituelle qui ont dressé leurs enseignes récemment sur nos rues. Nous ne voulons citer pour le Québec que l'étude magistrale de Richard Bergeron [1] et un dossier fort pertinent et bien documenté du Conseil de Pastorale Rive-sud [2], tous deux édités en 1982.

Offrir un autre livre sur le même sujet ne présente-t-il pas le risque de formuler autrement les mêmes conclusions, en invitant le lecteur à visiter un jardin repiqué à même les légumes glanés chez des voisins aussi généreux que prolifiques?

Nous ne le croyons pas, puisque l'objectif visé dans ces pages en est un surtout de vulgarisation. C'est l'homme de la rue, croyons-nous, qui a été atteint d'une manière ou d'une autre par le marketing de ces nouveaux groupes et qui s'interroge maintenant sur ce phénomène envahissant. Pour nous mettre à sa portée, nous avons voulu éviter un vocabulaire trop technique, en simplifiant les analyses parfois très serrées que nous trouvons dans le premier ouvrage cité. Par ailleurs, nous désirons offrir une certaine systématisation, ce que ne fait pas toujours un dossier; notre approche est destinée à la personne désireuse de parcourir des yeux le panorama des sectes et des groupes gnostiques, mais qui ne dédaigne pas se donner un cadre de pensée apte à dégager leur architecture, soit en jetant un coup d'œil du côté de leur soubassement et en examinant les matériaux, cloisons et patterns généraux dont ils sont constitués.

Les réflexions qui suivent sont celles d'un curé de paroisse qui, comme tout chrétien engagé, observe depuis quelques années ce qui s'élabore dans le vécu religieux des gens d'ici et qui, modestement, veut joindre sa voix à celle des personnes dont le métier ou le ministère est d'informer le Peuple de Dieu sur les signes qui colorent l'horizon. Notre propos désire donc rejoindre les chrétiens de la base, du type de ceux et celles avec qui nous avons été mis en contact, lors de nombreuses sessions sur ce thème des nouveaux groupes religieux, au cours des dernières années, dans les environs de Sherbrooke.

Les questions que ces gens nous apportaient étaient presque toujours identiques: qu'est-ce qui prédisposait notre société, pourtant jusqu'ici assez unanime au plan religieux, à vivre cet éclatement? quels sont les besoins inédits, sans doute déclenchés par la crise économique, auxquels l'Église semble mal équipée pour répondre, du moins dans un avenir immédiat? quelle grande crise spirituelle sommes-nous en train de vivre? quel appel de Dieu peut bien surgir au sein de cette recherche et de ce tourbillon d'idées anciennes et nouvelles?

Ces personnes qui avaient fait elles-mêmes un séjour dans l'un ou l'autre de ces groupes ou qui se questionnaient sur ce qui survient «au pays du Québec», nous ont apporté, en fait d'expériences vécues, tout autant que ce que nous pouvions leur proposer de notre part et qui avait été puisé surtout dans l'étude de nombreux documents [3].

Nous voulons les en remercier ici en leur offrant la mise en ordre de nos échanges. Nous la soumettons également à tous ceux et celles qui s'interrogent sur l'avenir ou qui sont franchement mal à l'aise face au brouhaha occasionné par les nouveaux chercheurs de Dieu, un remue-ménage qui n'est pas près de se terminer, croyons-nous! Nous souhaitons enfin que les réflexions qui vont suivre servent de boussole ou de carte topographique aux personnes pour qui le cheminement chrétien exige des choix et des discernements peu communs jusqu'ici dans le vécu religieux des fidèles de notre Église.

C.L. *ptre*

INTRODUCTION

Un monde ébranlé sur son socle

Inauguré par la proclamation du plus grand des prophètes de la «mort de Dieu», Friedrich Nietzsche, le XXe siècle devait, selon la philosophie du temps, sonner le glas des grandes religions. Or, on constate au contraire, que ce siècle amorce son crépuscule en produisant une gerbe luxuriante de nouvelles religions. Ses dernières décades auront vu un regain de ferveur dans les grandes Églises de même que, corollaire malheureux, une montée de fanatisme dans plusieurs autres dénominations religieuses.

Quel est le sens de ce brassage d'idées et de cette recherche spirituelle qui affecte non seulement le Québec et l'Amérique du Nord, mais tout l'Occident et toute la planète? Pour trouver une explication, il faut certainement évoquer un souffle puissant de l'Esprit, comme il y en eut à d'autres époques. Il faut aussi se représenter cette vaste crise de civilisation qui annonce l'arrivée de l'an 2000 et qui remet en cause l'ensemble des valeurs morales, religieuses, esthétiques, techniques et scientifiques qui servaient jusqu'ici de cadres à nos sociétés, ayant donné sens à leur existence et fourni des points de repère à leur agir. On constate aujourd'hui avec inquiétude que la révolution technologique et l'économie, les deux moteurs du changement de nos sociétés, mis en place au départ pour être contrôlés par les autres valeurs, ressemblent plutôt à une monture qui s'est emballée et qui fonce tête baissée vers un avenir inconnu.

Plus près de nous, c'est surtout la rapidité avec laquelle ces bouleversements ont eu lieu qui nous heurte et nous bouscule. Il suffit d'un recul de 25 à 30 ans pour nous souvenir combien les termes à la mode comme «humanisme», «sécularisation», «prise en charge par l'homme de sa destinée» pouvaient alors soulever d'espoir. On parlait au début des années 60 d'un triple humanisme, produit des grandes révolutions des cent dernières années, qui devait être le garant de l'avenir de l'homme, sans qu'il soit désormais nécessaire d'avoir recours au divin. *Humanisme scientifique* qui portait la bannière d'un homme nouveau, édifié par la technique et protégé à jamais de la maladie, de l'ignorance et du sous-développement. *Humanisme politique* qui devait assurer l'autonomie des peuples par la maîtrise de leur économie, surtout ceux du Tiers-Monde qui commençaient alors leur processus de décolonisation. *Humanisme moral* grâce auquel des valeurs de liberté feraient reculer les frontières de la peur, des tabous et de toutes les aliénations entretenues par le spectre des religions.

À un quart de siècle de distance, on sent comment ces mots peuvent sonner faux. Le courant d'enthousiasme un peu naïf qui les avait entourés fait place maintenant à une vague toute aussi globale et plus véhémente encore, de déception. On parle volontiers aujourd'hui de la faillite de l'humanisme athée qui a libéré des forces qu'il n'arrive plus à harnacher: puissances économiques qui appauvrissent les plus mal nantis de la terre, exploits technologiques qui empoisonnent l'écosystème, projets de libération morale qui portent comme effet secondaire un individualisme effréné et, chez les plus riches, une recherche d'affirmation de soi et de bien-être qui font fi du bien commun et rendent caduc tout projet de société.

Nous arrivons semble-t-il au confluent de deux vagues géantes: celle de l'euphorie des années 60 qui s'atténue et roule dans les graviers, et l'autre, celle de la déprime, qui s'enfle et menace de s'étendre partout. S'y ajoute un climat de catastrophe à l'approche de l'an 2000, atmosphère entretenue par les médias, qui est propice aux prophètes

de malheurs et qui alimente toute une littérature et un ciné-
ma apocalyptiques.

On cherche des abris de survie

Comment s'étonner alors que des cris de «sauve-qui-
peut» se font entendre ici et là? C'est ce climat d'angoisse
latente qui va causer ce que l'on nomme aujourd'hui la pola-
risation des groupes humains ou encore le fractionnement
des sociétés en petites unités de survie[4]. Désormais, c'est
par groupes d'affinités qu'on voit de plus en plus se rassembler les gens, formant autour de milliers de centres d'intérêt des regroupements où l'on trouvera des moyens de
s'identifier, de se définir des modes de vie, des valeurs ou
simplement des champs d'évasion qui permettront de sub-
sister et de traverser la crise. Ces rassemblements prendront
aussi la forme de communes, communautés de base, associations spirituelles et autres, qui mettent en commun le
même idéal ou la même foi, mais sans engager trop de relations les unes avec les autres.

Pour décrire la société d'hier on utilisait volontiers l'image du tissu tel que nos grands-mères le confectionnaient sur
leurs métiers: sur la «chaîne» des institutions et des valeurs
communes se nouait, en parallèle, la «trame» des existences individuelles. Pour illustrer ce que nous vivons aujour-
d'hui, il faut avoir recours à une image, empruntée à un
autre univers, la biologie, celle de la cellule. Ce petit monde
où les composantes s'agglutinent autour de multiples
noyaux est la forme selon laquelle s'organise notre société
pluraliste, qui a perdu son unanimité de jadis. Ajoutons à
cela une méfiance pour les institutions d'hier, dont l'Église,
qu'on accuse à tort ou à raison d'avoir bien maladroitement
affronté le tournant.

C'est dans cette perspective qu'il faut situer les 400 ou
500 nouveaux groupes récemment apparus dans nos para-
ges et qu'on a recensés depuis une quinzaine d'années[5].
Ces groupements qui se multiplient en Amérique du Nord

et dans tous les pays industrialisés, se présentent souvent, mais pas toujours, comme des religions ou des églises; souvent aussi comme des voies de recherche spirituelle ou de découverte de soi, comme des fraternités initiatiques ou philosophiques, des centres ésotériques, des groupes de potentiel humain, etc... La crise économique aura été le déclencheur de ces regroupements, même si le phénomène possède d'autres dimensions, sociologiques et spirituelles. Il ne semble pas qu'ils se résorberont avec un redressement de la situation sociale, car ils sont révélateurs d'une crise occasionnée par la mise au jour des lacunes et de la fragilité de notre environnement matérialiste et de l'impossibilité où il est de répondre aux aspirations les plus profondes de l'âme humaine.

Finalement, c'est un autre prophète, athée lui aussi, qui semble avoir eu l'intuition la plus juste en contemplant la fin du second millénaire. André Malraux annonçait quelques mois avant sa mort, que le XXIᵉ siècle serait religieux ou ne serait pas du tout. Les nouveaux temples qui s'édifient dans nos paysages, chapelles de toutes sortes, centres de régénération spirituelle, seraient-ils les signes avant-coureurs d'une ère religieuse à venir? Seraient-ils, toute désordonnée et anarchique que soit leur implantation, des témoins d'une quête spirituelle profonde devant établir les bases d'une nouvelle civilisation?

Rien de nouveau sous le soleil!

S'il n'est pas facile de présager de demain, le passé, lui, révèle des courants qui ressemblent à ceux-là. Il n'est pas encore nécessaire d'insister sur le fait que l'humanité n'est pas ainsi secouée pour la première fois, même si le soubresaut actuel prend une ampleur inusitée. Un théologien éminent, le P. Congar[6] mentionne que c'est à tous les 500 ans, grosso modo, que de telles secousses ont ébranlé les modes de vie et de pensée de l'Occident, tout en provoquant comme aujourd'hui des vagues de dissidents, sectaires ou gnostiques, qui fuyaient les institutions en place parce qu'ils les jugeaient à la veille de s'écrouler.

Donnons quelques exemples. Vers les années 475, provoquée par les invasions des barbares et par la dissolution des mœurs ainsi que la perte du sens civique, la fin de l'Empire romain d'Occident créa un climat de tourmente où naquirent de nombreuses sectes qui remettaient en question les fondements du christianisme traditionnel et sa vision du Christ en particulier. Apparurent alors, entre autres, des groupes aux noms curieux: les monophysites, qui tenaient que le Christ est seulement Dieu ou qu'il n'avait fait que semblant d'être humain (docètes), les nestorianistes qui affirmaient qu'il y avait en Jésus deux personnes juxtaposées, etc... Plus tard, à l'époque du grand schisme avec l'Église d'Orient et lors de l'apparition du régime féodal qui allait révolutionner l'Europe, la crainte de la fin du monde associée magiquement au chiffre 1000, fit surgir des groupes dits manichéistes qui expliquaient les malheurs du temps par la lutte gigantesque que se livraient deux divinités, le dieu du Bien et le dieu du Mal. Les Cathares et les Albigeois seront en France les descendants de ces sectes, deux siècles plus tard.

À l'aube du XVIe siècle, avec la Renaissance, ce nouvel âge de l'humanité, la Réforme protestante contribua avec son pendant, la Contre-réforme catholique, à fractionner l'Église d'Occident. On vit alors se multiplier les groupes de réveil religieux qui sont les lointains ancêtres de nos sectes actuelles.

Enfin, à quelques années de l'arrivée du troisième millénaire, au moment où s'ouvrent les multiples applications de l'informatique qui vont changer les milieux de travail et la vie courante et où, comme une sorte d'exorcisme au péril nucléaire, l'on prépare fébrilement la guerre des étoiles, comment s'étonner que de petites arches de salut tentent de prendre forme comme moyens de fuir le pire. La naissance rapide de tels groupes a toujours été dans l'histoire le symptôme de malaises sociaux profonds et d'un bouleversement majeur dans le vécu des populations. Comme ces douzaines de champignons qui naissent en une nuit d'orage sur le tronc vermoulu d'un vieil arbre, ces groupes que l'on classifie sous les termes génériques de *sectes* et de *gnoses*[7] sont ceux que nous allons tenter d'analyser dans les prochaines pages. Ils témoignent tous d'un besoin urgent, dans nos milieux, de se réajuster face à un avenir qui est ambigu et qui force à se poser les grandes questions de l'existence humaine.

Chapitre I

QUE SE PASSE-T-IL AU PAYS DU QUÉBEC?

Bref rappel historique

Pour mieux saisir la nature du phénomène que nous voulons étudier, nous allons faire un bref détour à l'aide de quelques images qui vont nous reporter aux origines de la chrétienté d'ici. Il est aisé de comparer le milieu québécois traditionnel à un grand arbre constitué de deux troncs qui ont grandi côte à côte, dans l'ombre et la familiarité l'un de l'autre.

Au moment de la conquête, après la fuite en Europe de nos élites, une soixantaine de mille habitants accompagnés de quelques professionnels, de 80 prêtres et d'un évêque, entreprenaient la longue aventure de la survie nationale. On connaît alors le rôle de suppléance qu'a joué forcément l'Église catholique. Les deux troncs fragiles et menacés dans leur existence s'assuraient un soutien et une protection mutuelle. L'Église fournissait le cadre explicatif ou l'interprétation de cette aventure presque mythique; elle traçait dans son enseignement le sens de l'histoire vécue ici, rappelait d'où l'on venait et où l'on s'en allait, à savoir que notre foi et notre langue étaient des dons précieux qui nous léguaient une responsabilité à la grandeur de l'Amérique, une mission à la fois culturelle et religieuse. Elle évoquait aussi l'image de la divine Providence qui ne manquerait pas d'être fidèle à ses engagements et qui assurerait, à travers nos familles nombreuses, notre survivance comme peuple, tout en y préparant des citoyens pour la seconde patrie, celle du ciel.

L'Église était constituée en même temps comme gardienne de la morale et gendarme des valeurs. Le consensus autour de ces modes de vie assurerait à la société sa salubrité. Mentionnons entre autres les grandes valeurs qui faisaient l'unanimité, celle de l'honnêteté, de l'autorité parentale, de la sobriété, de l'ardeur au travail, du respect de la parole donnée, etc... Ces valeurs étaient chrétiennes, mais elles étaient tout autant humaines, sculptées à notre image; grâce à elles, le tissu de nos rapports interpersonnels ne risquait pas de se déchirer et nous deviendrions un peuple fort et une nation sainte.

La société pour sa part fournissait à l'Église les supports matériels pour son action éducatrice et caritative dans les domaines scolaire, hospitalier et celui des affaires sociales (crèches, orphelinats, refuges). Cet échange de bons procédés qui a permis au peuple québécois de se perpétuer, rendait chaque citoyen indissolublement canadien-français et catholique à la fois. Ébranlé à quelques reprises par quelques poussées laïcistes, ce pacte de défense mutuelle dura, comme nous le savons, près de deux siècles.

Or voici que trois coups de foudre dans le ciel de notre histoire vont contribuer successivement, en une quarantaine d'années, à écarter les deux troncs séculaires, à déchiqueter leurs racines communes et à délier leur feuillage entremêlé. Vers 1940, l'urbanisation, ce nouvel environnement créé par l'industrialisation des villes, trouve une Église assez mal préparée. Il lui fut très difficile, elle qui avait grandi surtout en milieu rural et qui avait conservé les mêmes structures pour sa pastorale des villes, de proposer un cadre de vie chrétienne et des valeurs adaptées au monde du travail qui prenait son essor à l'occasion du second conflit mondial. Face à ce monde soumis au marché international et aux unions syndicales américaines, les discours de l'Église étaient facilement classés comme protectionnistes et passéistes.

En 1960, elle reçoit une seconde blessure, celle de la sécularisation et de la laïcisation de la société québécoise, lors de la «révolution tranquille». L'enthousiasme d'un Québec maître de son économie et dégagé de la tutelle religieuse était un progrès en soi; mais pour un temps l'Église devint le symbole de tous les retards accumulés, ce qui était une injustice douloureuse à supporter. Enfin, en 1970, l'Église catholique connut sa troisième rupture, celle du monde de la consommation et de l'individualisme bourgeois, à la faveur d'une hausse considérable du niveau de vie matérielle. Chute de la pratique religieuse, baisse des vocations, climat hédoniste vont contribuer à marginaliser l'Église par rapport à ce qui faisait battre la vie interne du Québec. Entre 1960 et 1970, l'Église catholique ressemble à un édifice fermé temporairement pour réadaptation ou, du moins, pour fins de restauration.

Pendant ces années, l'État prend le relai de la mission culturelle et nationale de l'Église. Il produit en quantité industrielle de nouveaux clercs. La construction du pays avec ses chantiers gigantesques écarte dans l'ombre l'idéal religieux de l'édification du Royaume. Les grandes réalisations technologiques alliées à une fonction publique de mieux en mieux organisée et plus nombreuse, achèvent de réaliser ce que l'on nommait l'autonomie du temporel. Le Québec se libère alors dans un climat euphorique de son cadre traditionnel, pendant qu'on garde à la bouche un goût d'amertume face au passé. L'Église et ses institutions sont vues assez aisément comme les responsables de nos malaises et de nos piétinements dans le monde de l'éducation, des soins hospitaliers et des services sociaux. Ces secteurs sont réorganisés avec l'aide de nouvelles compétences issues du monde universitaire, de budgets considérables et de techniques administratives modernes. Le Québec, se disait-on, ne sera plus jamais le parent pauvre de l'Amérique progressiste!

Pendant que la religion traditionnelle des québécois perd sa pertinence et prend une allure rétrograde, voici que le sentiment religieux se déguise et va donner forme, à l'insu de ceux qui en sont les acteurs, à un nouvel engouement,

17

à un nouveau culte, profane celui-là, la religion du diplôme, du salaire élevé, du confort matériel et du bien-être. L'État québécois va se transformer sous les traits de la nouvelle Providence, de qui l'on peut tout attendre et il joua bien son rôle. L'infantilisme dans lequel on accusait l'Église d'avoir maintenu les masses, se perpétue; l'État est le nouveau Dieu tout-puissant et omniprésent des québécois.

Au plan individuel, les normes et le guide de l'agir s'inspirent des conclusions que proposent les nouvelles sciences de l'homme: anthropologie, psychologie, sociologie, etc... Ce sont elles qui font figure d'avant-garde prophétique en matière de relations personnelles, de sexualité, d'éducation des enfants. L'Église a de moins en moins à dire, les thérapeutes remplacent les confesseurs et les réclames de produits pharmaceutiques ont plus d'audience que les encycliques. L'empire de l'Église catholique est dissous, semble-t-il, à tout jamais!

L'Église en Concile

Pendant ces années capitales dans le devenir québécois, l'Église est entrée en Concile et une bonne partie de son énergie est désormais tournée vers une grande remise en place de ses priorités, qu'on appelle son «aggiornamento». On pense un moment que les décisions conciliaires lui permettront des transformations qui la rendront de nouveau attrayante et lui redonneront son aplomb auprès du peuple québécois. Mais les changements qui prennent place, qu'on pense seulement aux messes rythmées et à l'aménagement des églises pour la liturgie dans la langue populaire, sont superficiels, un peu précipités, sans que la population soit préparée ou consultée. Beaucoup de gens y verront un lieu de participation mais d'autres, parmi les plus simples, en souffriront, et ne se retrouveront plus dans les dévotions populaires, supprimées ou transformées. Le nouveau vocabulaire qui farcit les homélies, fruit du ressourcement biblique et catéchétique dans lesquels prêtres et religieux/ses se sont précipités, ne rejoint plus le vécu du peuple. Le Concile Vatican II qui avait retenu à Rome la majorité des évêques québécois pendant les années de transformation sociale les plus cruciales de notre histoire, tarde à produire les fruits escomptés, qui ne devront venir que beaucoup plus tard.

Le Concile n'a pas laissé d'effets magiques et les années qui suivirent furent les plus difficiles dans l'histoire de la foi du Québec. L'Église d'ici entra dans une période de désert et d'exode, comme le reconnurent les évêques en 1983, dans leur rapport préliminaire à la visite du pape Jean-Paul II. La moyenne nationale de la pratique dominicale tombe alors à 15 ou 20%. Avec le départ de nombreux prêtres, religieux et religieuses, la baisse des effectifs vocationnels se poursuivit en chute libre.

L'Église va alors se replier sur elle-même dans un geste d'autoprotection pour refaire ses forces et retrouver son identité. Commence le renouveau de la liturgie, de la catéchèse et de la pastorale, avec un retour aux sources de la Parole de Dieu et de la Tradition. L'Église semble axée durant ces années sur sa vie interne et son discours va concerner surtout sa survie: vocations, célibat des prêtres, sacerdoce des femmes, renouveau du diaconat permanent, campagnes de financement, constitution de conseils paroissiaux de liturgie et de pastorale, autant de sujets qui n'intéressent pas la masse, qui est occupée ailleurs.

Un enthousiasme de peu de durée

Pendant ce temps, l'évolution de la société québécoise a atteint sa vitesse de croisière et elle draine les espoirs de toute notre population. Voici cependant qu'une crise qui devait affecter tout l'Occident, commençait à faire retentir ses échos ambigus jusqu'ici. L'immense machine qu'est l'économie capitaliste, dont l'expansion nous avait profité grâce à la vente de nos énormes ressources naturelles, entre dans une période d'affolement. On apprend qu'elle est de plus en plus difficile à contrôler et ses méfaits sont signalés ouvertement. On discute, au niveau de la rue, des maladies industrielles et des conséquences sur la vie familiale du stress accumulé dans les milieux du travail soumis à la surproduction. On découvre que la course au standing le plus élevé possible a des conséquences malencontreuses: foyers divisés, compétition malsaine, alcoolisme, recours aux drogues, etc... Les choses ne peuvent pas tourner aussi vite et très longtemps, se dit-on. La crise économique, impensable alors, viendra confirmer ces tristes présages, avec la dévaluation du dollar et la hausse du chômage.

On comprend également que l'accent mis sur les valeurs matérielles, sur le tape-à-l'œil et le sensationnel va laisser place à l'inquiétude, surtout dans les jeunes générations. On commence à sentir, — le manque de travail et la baisse des revenus viendront le confirmer —, que la consommation n'arrive pas à combler ce creux qui habite le cœur de l'homme. La faim d'autres nourritures s'installe en contrepartie du gavage commercial, au fur et à mesure que la situation économique se dégrade.

Quelques catastrophes écologiques viendront aussi mettre le focus sur les méfaits du progrès aveugle. Dénoncés faiblement puis de façon plus énergique par des associations de citoyens conscientisés, les effets de la grille de lecture scientifique sur l'ensemble de la nature seront remis en question. Le filet que l'homme a jeté sur l'univers pour le capturer et le transformer a des mailles trop larges, qui laissent s'écouler tout un aspect du réel. Le positivisme scientifique, source de réalisations fantastiques, est inapte à saisir le sens et le pourquoi des événements; la subjectivité des personnes lui échappe également. Ainsi, les méthodes administratives, qui devaient transformer l'efficacité et la productivité des milieux hospitaliers et scolaires, ont failli dans leur connaissance des personnes et dans le respect de leurs motivations profondes. On se rend compte que les progrès en médecine, en alimentation et en pédagogie n'ont pas réglé tous les problèmes. Après 20 ans, on trouve au Québec autant d'analphabètes, de malades et de paumés qu'avant la révolution tranquille.

Enfin, le conditionnement massif par la publicité a comme sous-produit une recherche de la satisfaction personnelle et de la promotion individuelle qui n'ont plus de limites. Cette mentalité n'est pas sans effet sur les milieux de vie et de travail: conscience aiguë des droits et privilèges au détriment des devoirs et responsabilités, perte de l'unanimité sur les buts de la vie, solitude, individualisme, autant de comportements qui rendent plus ardus les rapports entre personnes. Voici qu'on ne se sent pas chez soi dans le quotidien, qui n'a plus qu'une dimension, celle du gagne-pain supporté en vue d'une nouvelle recherche d'évasion et ainsi de suite... Les cadres du travail devenant plus stricts, la vie ressemble aux démarches toutes prévisibles d'un automate; on rêve alors de toutes sortes de voyages dont celui de la fusée spatiale qui s'élève dans le ciel vers d'autres univers, est le plus éloquent symbole. On a besoin de quelque chose qui aurait un goût d'ailleurs!

Les années de la «désillusion tranquille»

La crise économique va venir donner le coup de grâce aux beaux espoirs des années 60, en révélant crûment les dessous de la société industrialisée. La période qui commence en 1975 va créer comme un appel d'air, une sorte de grande aspiration vers «autre chose» que les modes saisonnières, les événements sportifs et les festivals de toutes sortes n'arriveront pas à anesthésier complètement. Pendant que l'on consomme moins ou que l'on anticipe pouvoir moins consommer à cause du chômage et de la dévaluation de l'argent, les problèmes intimes sont moins aisés à fuir: maladies, échecs, vieillissement, ruptures des foyers, autant de souffrances qui deviennent même en ces périodes, plus cruciales. Alors que l'avenir semble bloqué, le présent est de plus en plus problématique. La réflexion sur le sens de la vie redevient une pratique plus courante qu'aux époques de prospérité.

Voici en guise d'exemple ce qu'écrivait alors une journaliste sous le titre de «Fuir le quotidien»: «La ville est au point mort. Accrochée à la trajectoire sifflante d'une petite balle blanche, la ville attend. Les Expos vont-ils oui ou non gagner? (…) Le destin des Expos est devenu, bien avant la Constitution, notre obsession nationale, notre façon de retrouver un sens communautaire perdu dans l'éclatement planétaire (…) Le goût de la victoire transgresse les frontières, les cultures, les religions et les contradictions. Tant qu'à avoir le regard braqué sur un objet volant, pourquoi ne pas choisir un objet qui vole et ne revient pas. Les oiseaux, les avions, les mouches même volent mieux que la petite balle blanche. Avec eux, au moins, l'illusion de la fuite et l'impression de faire du surplace sont moins évidentes» (N. Petrowski, *Le Devoir*, 20/10/81).

Ainsi, quand on est moins bien armé pour les éviter, on cherche par tous les moyens à fuir les questions «métaphysiques» qui montent au cœur et qui se manifestent de manière plus cruelle: d'où est-ce que je viens? quelle est ma véritable identité sous mon masque social? où est-ce que la vie me mène? pourquoi cette souffrance, cette séparation dont je ne suis pas responsable? suis-je vraiment libre ou est-ce le destin qui me contraint? et la mort qui nous attend en fin de piste, où nous conduit-elle? etc…

Une montée de sève qui n'est plus canalisée!

La crise qui peu à peu prend place ressemble à une protestation des forces les plus élémentaires de la vie contre ce qui commence à la menacer, à une montée de suc dans le vieux tronc dont nous avons évoqué plus haut l'image. Mais cette sève ne trouve plus ses voies de passage habituelles et ses lieux de fécondité, les grandes institutions comme l'Église étant boudées et soupçonnées de n'avoir rien de très approprié à offrir en termes de secours d'urgence. Les grandes questions sur l'existence sont alors reçues dans un vacuum de sens, celui-là que la société profane ne peut plus combler. Autrefois elles étaient encadrées par notre patrimoine religieux que la très riche tradition chrétienne avait implanté ici. Mais aujourd'hui chacun a l'impression d'avoir à apprendre à marcher sur les eaux par soi-même, les points de repères ou les points d'appui faisant partout défaut. La vie quotidienne a frappé un trou d'air et elle est en chute libre...

Le sentiment religieux, cet ébranlement profond de la personne et ce goût de vibrer à des dimensions qui la dépassent, revient en force. Jugé désuet, mis au rancart au cours des années soixante à cause de ses allures rétrogrades, il n'était jamais disparu complètement de la conscience des gens d'ici. On l'avait abandonné sans grand drame de conscience et sans justifications intellectuelles; on l'avait plutôt travesti tant bien que mal sous les traits de la religion de la liberté, du succès et du progrès. Ce qu'on avait cru suspendre dans l'armoire de rangement comme un vêtement démodé, revient à la mode; ce qu'on avait enterré sous plusieurs couches de béton, remonte l'escalier du sous-sol...

Malgré leurs distances prises d'avec la religion, les québécois avaient continué de cultiver hors-église le sentiment du divin, d'une Présence qui déborde le quotidien. Les auteurs du Rapport Dumont sur l'état de la foi chez nous, avaient remarqué en 1971, comment nos concitoyens avaient quitté les cadres de l'Église catholique sans grande crise de conscience et sans ces déchirements qu'on avait notés dans d'autres milieux plus intellectuels. En fait, si les fidèles avaient cessé la fréquentation de leur temple paroissial, ils n'avaient pas renié leur sensibilité religieuse, alimentée à l'occasion des fêtes familiales, des naissances et des décès, à travers la grande nature d'ici qui nous redit si éloquemment notre dépendance et notre petitesse dans le cosmos. À preuve, ils avaient majoritairement continué de faire baptiser leurs enfants et inhumer leurs morts sous la conduite de leur curé de paroisse.

Les forces du sacré n'avaient donc pas été éliminées de notre subconscient national; voici qu'un ébranlement des bases matérielles de notre société se faisant sentir, elles reviennent en force, de façon indisciplinée et sauvage. Dans le cadre de la pastorale organisée, c'est sous forme de dizaines de mouvements de prière et de fraternité que cette ferveur sera accompagnée et nourrie, associations plus nombreuses qu'aux belles heures de l'apogée de l'Église québécoise[8]. Mais pour les gens qui doutent de l'institution et qui n'ont pas accepté qu'elle-même se remette en question, quelles portes de sortie trouveront-ils? L'arrivée subite sur le marché de la demande spirituelle, de centaines de nouveaux groupes se comprend aisément dans ce contexte. Le Québec deviendra rapidement le tremplin ou la piste d'essai pour un grand nombre de groupes religieux, issus d'autres traditions que la catholique.

Autour de la barque de Pierre qui vogue sur les flots de notre histoire depuis quatre siècles et qui porte sur sa coque les cicatrices de ses adaptations successives aux diverses époques, voici que naviguent, plus rapides parce que moins alourdis par les structures, plus fringants parce que d'origine plus récente, des dizaines de voiliers aux couleurs variées. Les uns arborent une voile rouge et verte: rouge pour l'ardeur du témoignage et verte, pour l'attente anxieuse du retour prochain du Christ. Ce sont les groupes que nous nommons les *sectes*. Les principales sont celles que nous connaissons entre autres sous les noms suivants: Églises baptistes et évangéliques, Assemblées chrétiennes, Témoins de Jéhovah, Mormons, disciples de Krishna, Armée du salut, Églises électroniques, Pentecôtistes, Adventistes du 7e jour, Moonistes, Jeunes catholiques à l'œuvre, Église universelle de Dieu, Apôtres de l'amour infini, etc...

L'autre groupe d'embarcations se reconnaît à ses voiles blanches et dorées; le blanc pour la connaissance et l'or pour l'illumination ou la sagesse. Ce sont ces groupes que nous nommons des *gnoses*; parmi les plus connues, mentionnons les Rose-Croix, Eckankar, la Méditation transcendantale, l'Église de scientologie, les Raéliens, la Fraternité blanche universelle, le groupe Urantia, l'Association gnostique internationale, les Chercheurs en science cosmique, etc...

Toutes ces barques sillonnent donc nos eaux et offrent maintenant aux passagers du paquebot-Église, la barque de Pierre, de les conduire vers un port de salut, plus efficacement et rapidement que la grosse institution dont on connaît la lenteur des manœuvres. Enfin, à toutes les autres personnes inquiètes de l'avenir et en quête de sécurité qui ne sont pas encadrées par une Église, on propose des réponses claires à toutes leurs interrogations, comme si on possédait la clef secrète de ce qui va mal à notre époque.

Un véritable débarquement

À la faveur de nos inquiétudes spirituelles, voici donc qu'ont abouti jusqu'à nos rives, au cours de la dernière décade en particulier, plusieurs vagues de leaders de toutes sortes, gourous, swamis, astrologues, prophètes, illuminés, médiums qui, avec un petit accent exotique et une ardeur toute missionnaire, viennent nous offrir leurs voies de salut. Devant une population avide de sens sinon de sensationnel, ils étalent leur message. Un peu de la même manière qu'on avait puisé dans les traditions culturelles étrangères des modes alimentaires, pour suppléer à la cuisine québécoise peu populaire et quasi inexistante sur le marché commercial, on va goûter à ces nouvelles nourritures spirituelles dans l'espoir d'y trouver du neuf, de l'inédit et surtout des doctrines qui n'ont pas été touchées par les impuretés de l'histoire ou par les méfaits de la civilisation occidentale.

De quatre à cinq cents groupes spirituels et mystico-religieux vont s'installer chez nous, avons-nous signalé. Parmi eux, des regroupements plus anciens auxquels nous sommes déjà familiers, venus des États-Unis et d'Europe dans les années 30-40, tels les Témoins de Jéhovah fondés en 1870, les Adventistes (1830) et les églises baptistes et évangéliques. La plupart de ces nouveaux groupes sont nés plus récemment et ils sont arrivés ici à la faveur de cet immense «revival» spirituel qu'a connu la Californie au cours des années 1970. Sont entrés en Amérique alors, venus de l'Inde, de l'Asie et du Moyen-Orient, des maîtres, apportant dans leurs bagages des philosophies et des techniques spirituelles très anciennes, des doctrines qui se mélangeront ici au cours des années, avec certains éléments tirés de la psychologie, de la parapsychologie et des courants de la psychothérapie en vogue dans nos milieux. D'autres de ces groupes, issus des sociétés européennes de théosophie et d'anthroposophie créées au début du siècle, se donneront comme objectif le développement de la conscience et de toutes les potentialités de l'être humain, en accord avec les lois cosmiques.

Tous ces arrivants vont profiter de l'hospitalité québécoise, qui avait sans doute à se faire pardonner ses réticences traditionnelles en matière de dialogue interreligieux, l'époque des Plouffe étant nettement mise au rancart! Les éléments que ces nouvelles religions transportent seront reçus à la faveur d'un mélange culturel formidable, où les doctrines les plus hétéroclites vont commencer à se voisiner. Le Québec deviendra un bouillon de culture, lui qui, depuis ses origines, n'avait partagé qu'une seule foi répandue dans la grande majorité de sa population.

Un phénomène d'acculturation

Ce qui sera vécu alors par beaucoup de nos concitoyens, on l'appelle acculturation, mot par lequel on désigne les phénomènes qui résultent du «contact direct et continu entre des groupes d'individus de culture différente, avec des changements subséquents dans les types culturels originaux de l'un des deux groupes[9]». Ces changements que l'on a beaucoup observés dans les populations africaines ou celles de l'Océanie soumises à la colonisation et aux religions étrangères, se manifestent sous forme d'amalgames ou de cultures nouvelles, différentes de tous les corps de doctrines ou des traditions qui ont contribué à les créer. Nous pourrions parler ici de salades culturelles, mélanges d'éléments disparates, dans lesquels chaque nouveauté qui s'ajoute finit par imposer sa saveur aux autres composantes qu'elle touche, constituant ensemble un goût unique et original. Il en va de même dans le contact des diverses doctrines de salut qui portent toutes, sous-jacentes, une philosophie et une conception propre de la vie, de l'au-delà, de la liberté et de la responsabilité humaine. Ces perspectives vont s'additionner entre elles, même si elles viennent d'horizons différents.

Elles vont aussi se lier avec le fond de christianisme qu'elles rencontreront dans nos paysages. Plusieurs nouveaux adeptes, dans une sorte de «shopping» spirituel, prendront l'habitude de passer d'un groupe à l'autre et de colliger les éléments qui leur conviendront.

Pour être plus concret, imaginons un dialogue entre deux personnes, voisines de palier et qui ont côtoyé ces groupes. Il va sans dire qu'une telle conversation aurait été impossible sous nos latitudes, il y a seulement vingt ans.

«Voilà, je te rapporte ton 'wok'... les enfants vont se contenter ce soir de manger des 'souvlakis' et des 'batlavas'... les restes de notre soirée de nécromancie. Je repars en vitesse, car j'ai mon cours de 'te-kwan-do' et en fin de veillée, ma session de yoga 'kundalini'. On a chacun son 'karma', que veux-tu, il faut bien se défendre et se détendre quand on mène une vie pareille... Moi, quand je me suis fait bousculer mon 'aura' toute la journée par mes petits lutteurs réincarnés, j'ai besoin de souffler...»

«Eh bien, moi aussi je cours chez mon gourou... Il m'a promis un autre 'mantra'... je pense bien avoir usé le premier. Tu sais, on a le 'nirvana' qu'on peut par les temps qui courent... J'ai reçu mon Bouddha, tu viendras le voir... je lui ai mis un gros lampion...»

Voilà un exemple un peu caricatural, mais qui illustre bien ces univers culturels si divers qui se mettent à coexister, à interférer et à façonner des visions du monde aux parfums aussi variés que ceux de la forêt tropicale. On parle donc d'acculturation quand des modes de vie et des conceptions de l'existence viennent déteindre sur le fond culturel traditionnel et forment avec lui une troisième réalité, différente de tous les éléments qui la composent. Au christianisme ambiant dont il reste des images la plupart du temps mal assimilées ou peu approfondies, vient se greffer une multitude de moyens de salut qui n'ont aucun rapport avec son mystère propre. Pour utiliser un terme de la culture québécoise traditionnelle, on pourrait parler alors d'un «chiard» culturel aux multiples assaisonnements!

Du prêt-à-porter pour toutes les clientèles...

Il y a de tout dans ce que nous apportent les sectes et les groupes gnostiques. On y trouve de quoi satisfaire tous les goûts et toutes les aspirations, de même que des réponses toutes faites à la gamme entière des angoisses et des questionnements [10]:

a) Les personnes marquées par la peur de la fin du monde ou de la damnation, culpabilisées par une conception étroite du péché où n'entre pas l'idée de la miséricorde divine, ou encore les révoltés contre les institutions seront de façon privilégiée accueillis par les sectes dites «millénaristes» qui attendent pour bientôt la fin de ce monde qu'elles jugent pourri, devant faire une place à un Règne de mille ans du Christ. On compte ici surtout les *Témoins de Jéhovah, les Adventistes, les Mormons et les Enfants de Dieu.*

b) Les jeunes sans avenir, marqués par le chômage et qui sont partis à l'aventure dans le but de se trouver un pied-à-terre sous de meilleurs cieux, sont souvent récupérés par les sectes dites «utopistes» qui leur promettent un Royaume dont ils seront les vaillants constructeurs, après un cataclysme mondial, guerre nucléaire ou châtiment divin de grande ampleur. Parmi ces groupes, on distingue *les disciples de Krishna, les Moonistes, les Enfants de Dieu.*

c) Les personnes qui sont assoiffées de merveilleux, qui veulent toucher à Dieu sans passer par des intermédiaires comme les sacrements ou les ministres, seront rejointes par les sectes dites *«guérisseuses»,* les assemblées où il arrive beaucoup de miracles comme chez *les Pentecôtistes, les Baptistes, les Assemblées chrétiennes.*

d) Ceux et celles qui sont avides de nouvelles révélations, de sagesses restées cachées jusqu'à aujourd'hui et de spiritualités qui permettent de faire des progrès presqu'instantanés, seront attirés par les groupes gnostiques comme *Eckankar, la Fraternité blanche universelle, les Raéliens, les Mormons, la foi Baha'ie, la Mission de la lumière divine.*

e) Les gens qui n'ont pas honte de s'avouer consommateurs même en matière de religion, recevront un message de type «fast food», pas exigeant et consolateur, qui leur sera fourni par les Églises électroniques dont les émissions remplissent les écrans de télévision les dimanches matins, comme *PTL Club, Rex Humbard*, etc…

f) Les personnes qui veulent aborder le spirituel à travers un regard rigoureux et scientifique qui les mettra à l'abri des superstitions et de la magie, trouveront écho à leur recherche dans *les Sciences chrétiennes et l'Église de scientologie*.

g) Ceux et celles qui jugent la foi comme une attitude dépassée et adaptée seulement aux plus simples des mortels, alors que la connaissance est le chemin le plus court vers le dépassement des religions, auront des voies toutes tracées pour leur cheminement dans les gnoses comme celles *des Rose-Croix, d'Eckankar, de la Fraternité blanche, de l'Association gnostique internationale, des Sociétés de théosophie et d'anthroposophie, du Livre d'Urantia*, etc…

h) Les personnes désireuses de mieux entrer dans la connaissance d'elles-mêmes, de leur potentiel, ou de faire des expériences d'expansion de la conscience et de communion cosmique, seront rejointes par *les Ateliers de développement humain ou de contrôle mental, les Centres du penser nouveau, les groupes PSY*, etc…

Le Québec n'est plus la forteresse du catholicisme en Amérique[11]

Voilà une première conclusion des pages qui précèdent. On voit qu'il y a désormais beaucoup de concurrence sur le supermarché du spirituel au Québec. On constate également qu'il est possible de faire un cheminement vers le divin, en dehors des murs de nos églises. Les personnes qui profiteraient de ce vent de ferveur et de recherche, pour revenir à l'église de leur quartier après 20 ans d'absence, risquent de ne pas s'y retrouver très facilement. Si elles cherchent quelque nouvelle certitude ou un discours qui couvrirait leur vie de prescriptions, directives ou recettes pour faire face à ce monde bouleversé, telles qu'on les reçoit dans ces groupes, elles courent le danger d'être grandement déçues. Elles y trouveront plutôt un style moins affirmatif et qui cherche à renvoyer les personnes à leur propre maturité et responsabilité humaine et chrétienne. Car l'Église a tiré profit de son expérience et des leçons du passé. Si la fragile unanimité n'a pas tenu le coup et n'a pas résisté aux bouleversements des années 60, c'est que la foi avait grandi au Québec entre «la corde de bois et la clôture», c'est-à-dire à l'abri des grands vents. Elle avait poussé, bien sûr, des racines profondes dans les grandes familles religieuses et spirituelles, dans les mouvements de piété populaire et dans un grand nombre de foyers, à la ville comme à la campagne. Mais, dans une bonne partie du peuple, elle n'avait plongé que des radicelles, dans un sol maigre, produit du feuillage, mais peu de fruits véritables. C'est la raison pour laquelle beaucoup de catholiques baptisés ont été très vulnérables aux changements sociaux, aux transformations de la catéchèse et de la liturgie, peu résistants aux pollens des doctrines de toutes provenances qui se sont abattus sur nos terres récemment.

La personne qui revient sera donc dans l'obligation d'entreprendre pour sa part une éducation de sa foi, depuis la préparation au baptême de ses enfants jusqu'à l'initiation sacramentelle des jeunes d'âge scolaire, qui devront être accompagnés désormais de leurs parents. Une démarche sérieuse de connaissance des sources bibliques et traditionnelles de la foi chrétienne ne pourra plus être esquivée de la part de ceux et celles qui décideront de faire de l'Église le cadre de leur cheminement spirituel pour l'avenir.

Chapitre II

QUELQUES GRANDS BESOINS À COMBLER...

Quand les institutions (l'État, la Science, l'Économie, les Églises) sont soupçonnées de ne plus être en mesure de fournir les idéaux et les lignes directrices susceptibles de reconstruire l'harmonie entre les groupes humains et la communion entre les hommes et la nature, quand il n'est plus possible non plus de trouver des valeurs prioritaires sur lesquelles une population pourrait se mettre d'accord, la vie en société et bientôt la vie tout court est menacée... Par exemple, quand on hésite à reconnaître la valeur du mariage et du respect de la vie, quand on ne sait plus quel modèle de famille est préférable, quand on ne croit pas qu'une réflexion morale est nécessaire face à l'euthanasie, à l'homosexualité et à la fécondation «in vitro», quand voler et mentir n'ont plus aucune connotation de faute... dans un tel contexte, ce sont les mécanismes de la survie qui sont déclenchés.

Des symboles comme bouées de survie...

L'homme ne vit pas seulement du pain de l'économie et de la culture. Il vit aussi des paroles qui sortent de la bouche de Dieu, de celles également qui montent de son fond le plus intime. Ce sont les grands symboles. Quand il se sent en danger, l'homme puise dans le fond de son psychisme des substituts aux points de repères qui lui manquent; ceux-ci l'aident à exorciser les menaces du temps qui veut l'entraîner vers l'anéantissement. Les symboles dont nous parlons ici sont ces images vibrantes qui sont produites par l'imagination, la «fonction fantastique», cette dimension de l'esprit humain qui est une réaction «défensive de la nature contre la représentation par l'intelligence de l'inévitabilité de la mort[12]».

Dans les moments cruciaux, comme il arrive probablement durant les minutes qui précèdent la mort, l'esprit vient à la rescousse de la vie en ramassant toutes ses énergies, lui qui est force de vie, «insubordination et révolte contre la mort[13]». Il produit alors des images qui font renaître l'espérance et ouvrent des fenêtres de lumière sur des horizons insoupçonnés. Ces images sont comme les représentations en «chair et en os» des réponses que nous souhaiterions à nos besoins les plus profonds. Nous ne parlons pas ici des images conservées dans la mémoire, ces sortes de miniatures qui constituent le fichier de notre histoire passée. Il s'agit plutôt d'images produites par l'imagination, créées à même son dynamisme. Ces manifestations de l'esprit humain se font dans le rêve éveillé qui échappe souvent à la pensée réfléchie, de la même manière que nous ne remarquons pas l'air que nous respirons ni les battements de notre cœur. Mais quand ces images viennent, on ne peut s'y tromper; elles sont spontanées, immédiates, plus réelles en quelque sorte que celles de la perception sensible. Ce sont de véritables «visions» internes. Elles sont données toutes faites et non construites par approximations et additions comme celles de nos sensations. On reconnaît aujourd'hui qu'elles sont le fruit de ces sortes de moules universels que nous portons au fond de notre psychisme et que nous nommons des *archétypes*. Ces formes sont de nature affective et elles ont la propriété de se projeter ou de se représenter en se matérialisant sur certaines images concrètes. On nomme ces images privilégiées des *symboles*. À noter que si les archétypes sont les mêmes chez tout être humain, les symboles qui les visualisent varient avec les cultures et les époques.

Donnons un exemple: lors de la visite au Canada du pape

Jean-Paul II, en plus d'être reçu et reconnu comme le vicaire du Christ et le Pasteur suprême de l'Église, il aura été pour plusieurs personnes, même non religieuses, l'image fascinante ou le symbole concrétisant l'archétype du père idéal, du chef à la fois fort et tendre. Au-delà de ses messages qui n'auront sans doute pas été retenus par beaucoup de ces gens, l'homme en blanc demeurera longtemps fixé dans les cœurs et comme entouré d'une aura; son image conservera une charge émotive que ne pourra ternir aucun démenti. Voilà la puissance des symboles; ce n'est pas une mince réserve que ce trésor où l'homme peut puiser quand tous les autres points de repère font défaut. Les images que sont les symboles réalisent en quelque sorte ce qu'elles signifient. Par exemple, une chaîne que l'on brise lors d'une manifestation contre le racisme n'est qu'un symbole de la liberté, mais elle fait vivre, à ceux qui en sont témoins, une expérience interne de libération. Les images sont comme les vitamines de notre vie spirituelle; elles agissent sur notre psychisme comme les hormones le font sur nos tissus et nos organes[14], et d'autant plus lorsqu'on est privé d'autres points d'appui.

Un habile usage des grands symboles

Les religions ont toujours beaucoup utilisé les symboles. Or la popularité des nouveaux groupes religieux leur vient du fait qu'ils offrent des cadres qui font large place aux images. On n'a qu'à regarder leurs feuillets publicitaires: tout y respire paix, harmonie, bien-être et joie. Les techniques grâce auxquelles on fabrique aujourd'hui l'image d'un futur président, seront également utilisées pour brosser la façade idyllique de ces groupes. En franchissant leurs portes, on s'attend à y trouver les réponses aux besoins fondamentaux de l'être humain, puisque leurs promesses vont en ce sens.

Énumérons quelques-uns de ces symboles, en lien avec quelques grands besoins fondamentaux auxquels veulent répondre les sectes et groupes gnostiques[15]:

a) *En réponse au besoin de personnalisation*, l'archétype de la communion harmonieuse et les symboles de la famille parfaite, du centre chaleureux, de l'arche du salut, de la coquille, etc...

Il est très révélateur de constater que plusieurs fondateurs de sectes prétendent constituer la famille parfaite, tels le pasteur Berg de la famille des Enfants de Dieu et S.M. Moon, qui veut reconstituer la famille que le Christ lui-même a échoué à réaliser. Contre l'anonymat de la ville moderne, qui ne rêve pas en effet de trouver le groupe chaleureux ouvert à toutes les relations interpersonnelles et capable d'accueillir la personne dans ce qu'elle est? Combien d'individus se sentent réduits aujourd'hui par les sciences de l'administration et de la planification à n'être qu'un matricule, une carte plastifiée, un rouage ou un cas... Cette personne n'a pas souvent de place pour se dire et pour être entendue, pour être accueillie et aimée inconditionnellement.

Cette place ne lui est pas toujours faite dans les grandes Églises qui apparaissent comme des dispensatrices de lois, de préceptes, de choses à faire et à éviter, bien plus que comme une famille chaleureuse, comme un peuple en marche ou une assemblée célébrante. Le besoin d'une prise de la parole qui permette d'affirmer sa propre qualité, d'expliquer les pourquoi de ses échecs, de témoigner de son propre cheminement est comme un antidote essentiel aux relations purement fonctionnelles qui ont cours dans le monde du travail. Ce besoin est ressenti d'autant plus vivement chez nous que nous sortons à peine de notre passé rural où les relations étaient de type primaire, c'est-à-dire chaudes, directes et en liens avec les racines de la parenté et les affinités du voisinage.

Les nouveaux groupes religieux soignent de façon scrupuleuse leurs premières approches. Au premier contact, ils offrent des groupes d'accueil, des cellules sympathiques où l'on est écouté, porté sur la main, où l'on peut confier ses inquiétudes, se défouler, où l'on est valorisé aussi car les nouveaux arrivants se sentiront bien vite indispensables.

Tout un processus de suivi accompagnera le néophyte; les personnes qui ont donné audience à des Témoins de Jéhovah en savent quelque chose. Il en va de même pour les jeunes qui ont été reçus sans le savoir dans des communes moonistes ou dans les cellules des Enfants de Dieu. Ils n'ont jamais été aussi bien entourés de toute leur vie; beaucoup ont cru aussi avoir trouvé la famille idéale.

Cette expérience euphorique présente cependant une contrepartie. Il faudra laisser à la porte son esprit critique et sa capacité de réfléchir et de décider par soi-même. On exigera au cours des semaines qui suivent, une obéissance de plus en plus rigoureuse aux leaders en place. Les adeptes finiront par développer envers eux une certaine dépendance affective et matérielle. Cette perte d'autonomie ira en s'accentuant comme en ont témoigné des jeunes qui ont fui il y a quelques années, l'institution des Disciples de l'Amour infini. Ces groupes chauds ont tendance à se refermer sur eux-mêmes, à adopter un style de vie déconnecté de la réalité extérieure, laquelle est facilement identifiée au mal. Le renfermement dans la coquille ou dans l'arche du salut conduit peu à peu à la régression infantile; il n'y a plus de responsabilités personnelles à assumer. Comme chez les moonistes, les membres deviennent des «bébés» qui doivent laisser le choix de leurs décisions aux «papas» et aux «mamans».

En présentant un succédané pour les familles et les couples éclatés de nos sociétés modernes, les sectes jouent certainement, du moins pour un temps, une carte gagnante. Elles agitent la promesse d'une pleine réalisation de soi dans de nouveaux foyers qui ne laisseront aucune prise aux tensions et à l'affrontement des personnalités. Le prix pour y arriver est cependant très élevé, soit l'abandon de sa propre liberté et la soumission totale aux nouveaux parents tout-puissants.

b) *En réponse au besoin d'une expérience religieuse forte et directe*, l'archétype de la lumière et les symboles de l'absolu, du sacré, de la communication d'énergie, du baptême, etc...

Nos sociétés ont évacué toute trace de Dieu de la vie courante, des affaires, des édifices publics. De son côté la religion catholique a purifié trop rapidement ses dévotions populaires à l'époque du Concile, sous prétexte d'en extirper toute trace de magie. Par ailleurs, l'être humain chez nous comme partout demeure un animal religieux qui a soif tôt ou tard du sacré, et qui veut toucher à quelque chose d'autre que le quotidien routinier. Le retour de la dimension religieuse s'explique aujourd'hui par ce besoin irrépressible de percevoir l'Absolu, l'autre dimension, la transcendance et par la faim de communion cosmique.

Plusieurs nouvelles religions cultivent dans leurs assemblées un climat d'enthousiasme, qui donne l'impression aux participants de frôler le divin. Grâce à une atmosphère préalablement réchauffée par de la musique et des hymnes, par des témoignages souvent bourrés d'émotivité et par certaines mises en scènes exaltantes, on parvient à un climat d'effervescence qui semble écarter pour un temps les voiles du mystère de Dieu. Le divin n'est plus atteint alors à travers les gestes ou les paroles des ministres ou par la médiation d'une Église ou de ses sacrements, mais directement. On est inondé de lumière, Dieu est là à la portée de la main. On comprend que dans ces environnements affectifs qui sont globalisants, qui s'emparent de toute la personne, il ne reste guère de place pour l'analyse et la pensée critique. On se croit branché directement sur l'énergie pure.

Certains événements surviennent alors qu'ils sont associés à des interventions de l'Esprit ou de la Force divine: miracles, transes, phénomènes de voyance, prophéties, etc... Ces phénomènes ont un sens différent selon qu'on est dans un rassemblement gnostique ou dans celui d'une secte. Mais c'est le même danger qui est présent, celui de la magie. On s'habitue, suite à ces expériences, à croire qu'il est possible de plier Dieu à sa volonté, de s'accaparer ses forces par des rites. On a alors évacué le mystère d'un Dieu Tout Autre. Si Dieu est Dieu, croyons-nous, il doit pouvoir échapper à toutes les prises de nos rituels et à toute initiative de l'homme qui veut emprunter ses pouvoirs!

On retrouve ici certaines conceptions du «salut» qui ont cours dans les sectes. Suite à son baptême, qui est le signe public de son adhésion à Jésus Christ et du don total qu'il lui fait de sa vie, un baptiste pourra arriver à croire, par exemple, qu'il est devenu impeccable, que Dieu l'habite au point qu'il pourrait commettre un crime sans qu'il en soit coupable. Le Dieu que les structures de notre monde ont rendu absent, a été remplacé par un Dieu mêlé à toutes les sauces et complice de tous nos exploits comme de toutes nos bêtises.

c) *En réponse au besoin de trouver de la sécurité, des points de repères et des réponses claires aux questions essentielles*, l'archétype du père et les symboles du chef, du prophète, de la parole forte, de la pure vérité.

Autrefois, comme on le sait, tous les comportements avaient des modèles définis et ils étaient confirmés par le consensus social. On savait comment faire pour se fréquenter, quelle durée devait accompagner l'amour et la famille, où l'on allait après la mort, quel mérite était attaché aux bonnes actions. À notre époque, c'est le contraire: on ne sait plus quoi penser, tout est laissé au choix, on ne connaît plus les valeurs sûres, car elles sont toutes contestées. On aboutit à ce vide de sens dont on a parlé, fixé dans l'espace laissé libre entre la religion traditionnelle qui a été discréditée et la société séculière qui n'a pas la capacité de donner une orientation à l'existence et de tracer des balises assurées aux comportements.

Face au besoin de se tourner vers l'essentiel, les sectes arrivent avec leurs baluchons pleins de réponses. Leur message est clair et vigoureux: «Nous avons des solutions à toutes vos questions; nous pouvons vous redonner paix et sérénité malgré les malheurs du temps présent.» Le message est incarné dans un prophète, un leader charismatique qui affirme avoir reçu une inspiration ou une révélation spéciale de Dieu pour aujourd'hui. On n'insistera jamais assez sur l'auréole de prestige dont s'entourent ces nouveaux maîtres spirituels, détenteurs de la doctrine intégrale. L'ascendant qu'ils prennent sur leur communauté est unique; ils sont les porte-parole de la Vérité, ils transmettent directement la volonté de Dieu. Quel est leur message? Il peut se résumer autour des affirmations suivantes: nous arrivons à la fin d'une époque et nous entrons dans une autre, il vous est possible d'échapper à la condition malheureuse des gens de la masse en devenant un membre de l'Arche du salut ou encore un mutant qui est appelé à passer dès maintenant dans l'ère nouvelle. Selon qu'on est sectaire ou gnostique, le message varie: tantôt c'est le Christ dont le retour est imminent et qui vient inaugurer son Règne de 1000 ans, tantôt c'est l'époque du Verseau qui est toute proche, l'époque de la connaissance, de la liberté spirituelle et de l'expansion de la conscience qui vient succéder aux malheurs de cette fin de siècle.

Cette doctrine est la parole définitive, elle est énoncée avec force et conviction. Il n'y a pas de place ici pour le doute ou la tergiversation. Elle arrive souvent, comme pour les «Principes divins» du pasteur Moon, sous la forme d'un petit catéchisme avec questions et réponses. La théorie se déroule comme sur une cassette; il n'est pas plus facile de discuter avec l'une qu'avec l'autre. On y trouve des principes moraux qui s'inspirent, dans le cas des sectes, du puritanisme protestant: soit une discipline pour mater le corps mauvais, des règles alimentaires qui servent à définir les «purs», comme l'interdiction du café, de l'alcool, de la cigarette, que préconisent les Adventistes ou les Témoins de Jéhovah. L'observance de ces préceptes resserre les rangs des membres du groupe, leur permet de s'identifier et leur donne l'assurance de réussir leur vie et d'être bénis de Dieu. Ces prescriptions peuvent s'étendre à tous les domaines de la vie, comme l'interdiction de fabriquer des arbres de Noël, de souligner les anniversaires de naissance, de faire partie d'une équipe de sport, de pratiquer la chasse ou la pêche, de regarder la télévision, de recevoir une transfusion sanguine, etc... On reconnaît ici un cadre de vie semblable à celui que les Pharisiens, au temps de Jésus, faisaient peser durement sur leurs fidèles.

d) *En réponse au besoin de découvrir sa propre identité au-delà de son image sociale*, l'archétype de la substance profonde et les symboles de l'élection, de la conversion et de la révélation.

Un autre besoin très vivement ressenti par nos contemporains est celui de découvrir qui ils sont vraiment, en-dessous de toutes les images fonctionnelles, de tous les masques et toutes les apparences imposés par la vie en société et les rapports superficiels qu'elle engendre. En entrant dans une secte, on acquiert un nouveau nom; on appartient désormais au groupe des rescapés, des élus de Dieu avant la catastrophe finale ou des heureux choisis pour le Royaume. Dans les groupes gnostiques, c'est la pratique des techniques de méditation et de cheminement vers son centre, qui fait sentir qu'on est plus pesant qu'on le croyait. Car on s'aperçoit qu'on est non seulement fils ou filles de Dieu, mais qu'on porte en soi une parcelle du divin et de la conscience cosmique. Là, tout au fond de soi, on atteint à sa véritable substance où tout n'est que Beauté, Bonté, Paix, Force, Sérénité. Les virtualités de notre véritable Moi sont sans limites; désormais on peut tout, l'impossible est devenu possible.

Alors se développe une grande solidarité avec le nouveau groupe d'appartenance et un sentiment très fort de gratitude pour les personnes qui ont permis au véritable fond de sa personnalité de se révéler. C'est une conversion qui est vécue, un changement de fond en comble de l'image qu'on avait de soi, une valorisation de ce qui avait peut-être été jugé, jusque-là, sans envergure et de peu d'importance. On comprend que se développe alors un certain fanatisme dans l'effort pour défendre cette nouvelle image et pour se joindre de nouveaux bénéficiaires possibles pour cette transformation. C'est souvent dans la parenté immédiate des nouveaux adeptes que s'exercera l'ardeur missionnaire des convertis, surtout s'ils le sont de fraîche date.

e) *En réponse au besoin d'un engagement total, de don de soi à une cause qui vaut absolument*, l'archétype du héros et les symboles du vaillant soldat, du saint.

Dans un monde sceptique qui ne croit plus à rien, puisque tout est égal ou sans valeur, on arrive parfois à ces réactions extrêmes: on admire ceux qui se donnent corps et âme à une cause qu'ils jugent définitive. On ne peut pas parler ici d'un besoin généralisé, mais plutôt d'un idéal qui peut naître au contact de la détresse spirituelle de notre époque, de la même façon que le matérialisme d'Occident a suscité les «ayatollah» et les martyrs de l'Islam.

Certaines sectes provoquent cette réaction, surtout chez les jeunes. Ce qui frappe c'est l'assurance de ces adeptes, leur certitude d'avoir trouvé la vérité, leur foi à toute épreuve qui se moque des difficultés, des privations physiques, des critiques et des interventions du milieu familial. Beaucoup de ces groupes croient avoir retrouvé la foi des origines de l'Église et des premiers chrétiens, alors que les grandes dénominations, selon leur dire, se sont toutes refroidies avec le temps. On retrouve la ferveur des croisades; les obstacles rencontrés deviennent des stimulants et des confirmations qu'on est dans la bonne voie. Tous ceux ou celles qui ne pensent pas comme soi sont des suppôts de Satan et sont irrémédiablement perdus. La personne vit alors dans un monde à part, coupé de la vraie réalité qui est plus complexe que son univers partagé en blanc et en noir. Ce sont ces personnes qui devront être soumises à tort ou à raison à des séances de dé-programmation, lorsque leurs familles auront réussi à les ramener dans leurs milieux d'origine.

f) *En réponse au besoin de vivre en marge des grandes institutions,* l'archétype de la pureté et les symboles du marginal, du déviant.

Ce dernier besoin auquel répondent les nouvelles religions est moins répandu et plutôt circonstancié par l'époque où nous vivons. C'est une forme de la résistance à la collectivisation. Le marché et les grosses organisations comme le sport, tendent à imposer des goûts communs à la masse, à réduire tout individu au même dénominateur commun à travers des modes, des slogans, etc... Beaucoup de personnes réagissent en adoptant un style de vie contraire à la majorité, ainsi, v.g., le mouvement hippie des années 60. Ces comportements déviants aident à échapper à la culpabilité collective et à la complicité avec les méfaits du matérialisme ambiant. On a désormais les mains propres, on estime n'avoir pas trempé dans les erreurs du système en place.

Entrer dans une secte peut prendre cette signification: on est des «purs» et on ne fait aucun compromis avec le monde pourri. Parfois on a de vieux comptes à régler avec son Église ou avec les réseaux d'aide de l'État qu'on évalue avoir été injustes envers soi. Toutes les frustrations accumulées peuvent alors se défouler du haut de la tour d'ivoire dans laquelle on s'est enfermé. Les sectes offrent un terrain propice où l'on peut crier au scandale et reprocher aux fidèles des grandes Églises leur lâcheté. Faire partie d'un de ces groupes est alors un moyen de n'être plus coupable. On appartient alors à une élite, à la minorité de ceux qui échapperont au jugement final.

Voilà en gros les symboles que font miroiter les nouveaux groupes religieux, en réponse aux besoins que laisse inassouvis notre société en crise.

Chapitre III

COMMENT S'Y RETROUVER DANS CE FOISONNEMENT?

Autrefois, parler de religion au Québec, c'était évoquer la présence d'un seul grand arbre qui dominait la plaine, l'Église catholique, gardienne de la foi et de la langue; il y avait bien aussi quelques arbrisseaux, les diverses dénominations protestantes installées ici avec l'arrivée des conquérants en 1760 et plus tard, avec celle des loyalistes. Dans les années 80, aborder le phénomène religieux dans nos frontières, c'est littéralement devoir entrer en forêt ou faire de la botanique. Comment s'y reconnaître en effet dans cette floraison presque tropicale apparue récemment, qui présente toutes les formes, tous les parfums et toutes les couleurs? Un premier regard donne l'impression d'un fouillis impossible à démêler!

Il existe cependant des structures communes à ces nouveaux groupes par lesquelles ils peuvent être identifiés et assez aisément classifiés. C'est cette grille d'analyse, nécessaire pour comprendre notre sujet, que nous allons esquisser dans ce chapitre, en commençant avec quelques précisions de vocabulaire. Un certain nombre de termes reviendront souvent dans ces pages; il est opportun d'en connaître une brève définition.

Précisions de vocabulaire

a) *Le sentiment religieux ou la religiosité spontanée*

Quand on parle du sentiment religieux, on se réfère à la source universelle des religions et à l'énergie qui permet de les renouveler quand elles se dessèchent. Ce sentiment peut surgir dans la vie de tout être humain et à toute occasion. Il est constitué d'un double mouvement: d'abord une émotion ou une «motion» qui nous vient de l'extérieur, lors de manifestations du cosmos ou de la nature (contemplation des astres, de la tempête, spectacle de la mer, etc...) ou encore d'événements de la vie comme une naissance, un décès, un grand amour. Cette motion nous révèle une dimension qui nous dépasse et qui nous ébranle; elle nous sort littéralement du quotidien, du monde de l'expérience courante. Elle s'accompagne d'un mouvement de l'affectivité, d'un élan vers la réalité qui s'est ainsi révélé (fascination) ou d'un recul de crainte (frayeur sacrée). Le sentiment religieux conduit à entrevoir au-delà du sensible et de ce que nous savons d'expérience, une *présence sacrée* qui les dépasse, qui les fonde, qui leur donne du sens. Il est aussi une réalité ambiguë, car il ne fait pas nécessairement rencontrer Dieu, le sentiment religieux pouvant se confondre avec le sentiment artistique (vibration à la beauté et à l'harmonie), avec le sentiment amoureux (fusion passionnelle), avec l'élan généreux du don de soi à une cause (adhésion à un parti, à une idéologie, à la révolution) ou avec le sentiment d'absorption dans un groupe chaleureux. La totalité qui donne alors l'impression d'englober la personne et de la submerger au cours de ce que l'on appelle des expériences-sommet (peak experiences), n'est donc pas infailliblement le divin, du moins selon l'image qu'en a véhiculée depuis toujours le christianisme.

Ce contact avec le sentiment religieux multiforme est certainement la porte d'entrée et l'expérience la plus commune, offerte au départ par les sectes et les gnoses; vont diverger par ailleurs les manières dont on nommera ou identifiera le « tout autre » qui est ainsi atteint, un Dieu personnel pour les premières ou un Centre d'énergie pure, pour les autres.

b) *Les religions, les grandes religions*

On appelle religions les cadres que se sont donnés les hommes pour harnacher ou endiguer la réalité sacrée, atteinte à travers le sentiment religieux. Les religions délimitent les zones d'influence du sacré, en lui donnant de se manifester en des temps (fêtes) ou des lieux (temples) choisis, en l'expliquant et en lui donnant un visage à travers les mythes (grands récits dans lesquels le divin est montré sous forme de héros créateurs du monde et des espèces vivantes, vainqueurs du mal, etc...) Les religions construisent peu à peu des doctrines qui monnayent l'influence du divin sur les domaines de la vie, des structures sociales et qui donnent ainsi naissance à des systèmes de moralité. En somme, les religions, même les plus primitives comme l'animisme, mettent de l'ordre dans les manifestations du sacré : c'est leur fonction principale.

Lorsqu'on parle des grandes religions, on désigne celles qui apportent une révélation à l'intérieur de laquelle le divin entreprend lui-même de manifester son nom ou son visage aux hommes. Les grandes religions sont en nombre restreint, soit le brahmanisme et l'hindouisme, la mazdéisme, l'islam et le judéo-christianisme. Le bouddhisme, le confucianisme et le taoïsme sont considérés plutôt comme des voies de salut et des philosophies.

c) *Les Églises*

Nous donnerons ici la notion d'Église qui est particulière à la tradition judéo-chrétienne. Le terme fait référence à un peuple organisé, à une assemblée structurée, à un rassemblement des fidèles d'une religion, en réponse à un appel de Dieu. Le mot vient du grec « ecclesia », de « ex-xaleo », un verbe qui veut dire « appeler hors de »... On constitue une Église quand on se rassemble, en sortant de la masse indifférenciée pour être fidèle à une invitation de Dieu. On voit que les religions ne constituent pas toutes des Églises, car on peut les pratiquer sans se rassembler. On entre dans une Église par la naissance, en étant admis dans celle de ses parents; on peut y accéder autrement, par la conversion, car tous y sont normalement admis. L'Église est aussi, sauf exception, ouverte à l'œcuménisme, c'est-à-dire à la réunification de tous les croyants au même Dieu, dans une seule famille éventuelle. C'est en ce sens qu'on dit qu'une Église est «catholique», soit universelle, selon le sens littéral du mot. On reconnaît sous ces traits les dénominations qu'on appelle les grandes Églises, soit la catholique, l'orthodoxe, la protestante et l'anglicane.

N.B. Les sectes se disent souvent des Églises, mais nous ne pouvons pas leur accorder ce vocable au sens strict, car elles sont fermées, dans l'immense majorité, au dialogue œcuménique. De plus, certaines ne sont pas chrétiennes, ne reconnaissant pas le Christ comme homme et Dieu à la fois.

d) *Les sectes*

Le terme «secte» vient de deux mots latins dont l'un «secare» veut dire «couper» et l'autre «sequere» signifie «suivre». On les définit comme des groupes dissidents des Églises, qui se sont coupés d'une communauté d'origine (moins vérifiable aujourd'hui), pour suivre un leader charismatique, un prophète ou un chef religieux en qui on reconnaît un dépositaire authentique de la parole de Dieu. On n'entre pas dans la secte par la naissance, mais par un choix volontaire, suite à une décision pour Dieu et à un don total de sa vie à la communauté des croyants.

À remarquer que les sectes portent souvent à l'intérieur d'elles-mêmes le ferment de la division qui leur a donné naissance; ainsi les «Amis de l'homme» fondés en 1920 par Alexandre Freytag sont issus des Témoins de Jéhovah, issus eux-mêmes des Adventistes en 1874. Les Adventistes s'étaient dissociés des Baptistes en 1610, eux-mêmes issus en 1534 des Réformés qui s'étaient coupés de l'Église catholique.

e) *La gnose, les gnoses*

Du mot grec «gnosis» qui signifie connaissance, on entend par gnose une voie de libération de l'homme par la connaissance absolue. Il s'agit d'un courant spirituel très ancien, antérieur au christianisme, qui se retrouve à l'intérieur de presque toutes les cultures. On parle de la gnose éternelle en voulant désigner un fond commun et des principes qui sont de toutes les époques, comme celui de la réincarnation, qu'elle véhicule partout où elle est présente. On peut parles des «gnoses» au pluriel, si on tient davantage compte des éléments hétérogènes qu'elle assimile, à la faveur de son intégration dans un milieu ou l'autre, l'attitude gnostique étant «syncrétique», c'est-à-dire pouvant se combiner aux doctrines les plus disparates, comme nous le verrons plus loin.

Ajoutons que la gnose n'est pas une religion à proprement parler, mais plutôt une voie de salut, un chemin offert à l'homme pour le libérer de la souffrance, de l'ignorance et de la mort. Dans leur organisation, les groupes gnostiques modernes emprunteront tous les éléments que l'on retrouve dans les religions, soit les rites, le culte, un corps de doctrines sur Dieu et le monde, des codes de comportement, des temples, etc... Alors que les sectes puiseront, en majorité, leur contenu doctrinal dans la tradition judéo-chrétienne, les gnoses s'inspireront surtout des philosophies et des spiritualités orientales.

A) UNE GRILLE POUR Y VOIR PLUS CLAIR

Nous verrons que les sectes et les gnoses appartiennent à deux grandes orientations de la pensée religieuse universelle, ainsi qu'à deux familles d'esprits que les historiens des cultures et des religions ont mises à jour, à partir des travaux de l'anthropologie moderne[16]. Nous allons ouvrir ici une parenthèse que le lecteur pourrait sauter s'il est peu familier avec une approche plus théorique.

Il est donc possible aujourd'hui de discerner dans le patrimoine spirituel de l'humanité, deux types majeurs de comportements religieux de même que de cultures, qu'on pourrait nommer les uns «héroïques ou prophétiques», et les autres «mystiques».

Cultures héroïques et mystiques

On arrive à distinguer aujourd'hui ces deux manières que l'homme a utilisées pour domestiquer le monde, en cherchant dans l'histoire à partir du fonds privilégié de symboles dont les diverses cultures font usage dans leurs mythes, leurs littératures ou leurs organisations sociales. Ces symboles, toujours les mêmes, qui forment des sortes de grappes ou de constellations, témoignent d'une tournure d'esprit particulière prise en face du temps, de l'espace, de la vie et de la mort.

a) Les cultures dites *héroïques* sont de type volontaires, masculines et visuelles. Gilbert Durand, dont nous utilisons les conclusions, les appelle «diurnes[17]», du fait que l'énergie qui meut ces cultures sont les archétypes qui se sont greffés le long du trajet d'une activité prioritaire de l'animal humain, au cours de son évolution vers l'humanité. Ce trajet ou cette ligne de force est l'effort qu'il a mis à se lever debout et à se tenir à la verticale. C'est cette acquisition, la station droite, que tout jeune enfant doit reprendre à son compte et qui est toujours associée à la peur de tomber, qui a fait valoriser l'espace en deux dimensions privilégiées, celles du haut et du bas. Le haut étant le lieu de la conquête, de la victoire sur la pesanteur et de la lumière; le bas, celui de la chute, des ténèbres, de la régression vers l'animalité.

Dans les cultures héroïques, on aura tendance à donner un sens positif à toutes les images ascensionnelles: le haut étant l'habitat des dieux, c'est vers les sommets qu'aspirent les héros ou les chefs qui sont ici, avec celle du Père, les figures prédominantes. Pour s'assurer de sa position verticale, le héros devra être un habile manipulateur d'armes, posséder le savoir et les techniques qui le rendront maître des forces redoutables de la nature. Le héros sera aussi un purificateur, quelqu'un qui sait séparer ce qui appartient à la dimension du «haut», celle de l'effort et du combat, de ce qui est apparenté au «bas», dimension qui représente le mal et les ténèbres, à qui appartiennent la chair et ses passions et qui nous rattachent à la condition animale. Tel saint Georges qui terrasse le dragon du haut de son cheval blanc, le héros diurne abhorre et défie tout ce qui pourrait provoquer la chute vers les ténèbres, lieu du mal personnifié sous les traits d'une bête immonde, Satan.

Dans le contexte diurne, la vie apparaît comme une réalité qu'il faut gagner à la sueur de son front. Les actions que met en relief ce régime d'images se rassemblent toutes autour des gestes de couper et de trancher, soit: diviser, analyser, nommer, distinguer, purifier, manipuler pour séparer le bon du mauvais. Se découpent ici en pleine lumière les figures masculines du guerrier en armes, et celles plus modernes, du spécialiste, du chef d'entreprise, du technicien, qui ont tous pour idéal la compétition qui permet de monter dans l'échelle du savoir et de la réussite sociale. Nous voyons assez aisément que ce type de culture s'est développé surtout en Occident, à travers la prépondérance donnée à la technique, aux idéologies du progrès matériel et aux morales de l'effort.

b) Les cultures dites «*mystiques*» sont tout à l'opposé des précédentes; elles sont plutôt féminines et auditives. Gilbert Durant les nomme «nocturnes[18]». Les images symboliques qui les alimentent se situent sur l'axe d'une autre activité essentielle de l'animal humain vers son milieu, celle de l'apprivoisement de son entourage ou de la domestication de la nature. Cette assimilation s'est faite par les gestes de la cueillette, de la culture et de la cuisson des éléments naturels, pour s'en nourrir. Ici c'est la dimension horizontale de l'espace et celle de la profondeur digestive qui prennent le plus de signification, de même que les sens du goût et de l'audition. L'activité de la connaissance et de la mémoire, qui produit l'expérience, prend le pas sur celle de la domination violente du monde. Ici on ne gagne pas sa vie par l'effort, on la goûte et on élargit ainsi sa sensibilité. La dimension du temps qui va importer le plus ce n'est pas le moment présent, celui du choix et de la décision comme dans le régime précédent, mais le passé dont on tire l'expérience et qu'on se remémore avec douceur.

Les figures les plus fréquentes dans ce contexte sont celles de la Mère qui cultive et qui cuisine, des vestales qui alimentent le feu, ainsi que celles du sage, du gourou, du maître de sagesse et du guide qui ont perdu les attributs virils du héros guerrier. Leurs silhouettes ne se détachent plus sur un fond de lumière crue, mais sur les lueurs de la nuit et sur la pénombre bienheureuse du foyer. Dans l'univers des symboles nocturnes, tout est inversé. On peut s'attacher sans danger aux valeurs matérielles, on ne les craint plus, car elles recèlent une profondeur. Le temps n'est plus une menace mais un facteur de maturation et d'approfondissement. Le corps n'est plus exalté dans l'effort et la conquête, mais recueilli dans la contemplation et la méditation, dans cette sorte de digestion lente qu'est la connaissance. La mort n'est plus une menace, car elle est porteuse d'un pouvoir de régénérescence.

Les actions privilégiées que l'on retrouve ici tournent autour de celles de recueillir, de mélanger, de comprendre, v.g., celles de fondre ensemble, d'unir, d'approfondir, de saisir les ressemblances plutôt que les différences. Les cultures de ce type se sont développées surtout en Orient. Ici elles se sont manifestées sous forme de sous-cultures ou de contestations de la civilisation mâle et technicienne, comme dans le mouvement hippie des années 60 et le féminisme des années 70.

Religions prophétiques et mystiques

Dans le sillage de ces deux grandes familles de cultures, il est aisé de reconnaître deux types de religions[19], l'une diurne et prophétique, qui met l'accent sur la présence du prophète, porte-parole du Très-Haut et l'autre, nocturne et mystique, dont le personnage central est le gourou, celui qui guide chacun vers son centre intime.

a) Parmi les religions *prophétiques*, on peut énumérer la religion d'Israël, l'Islam et le mazdéisme d'Iran. Les principales caractéristiques en sont les suivantes:

— Dieu est Père tout-puissant et il habite la lumière inaccessible; il est l'Éternel, le Transcendant, le Très-Haut.

— Il intervient dans le monde par une révélation fulgurante, du genre des dix commandements, version spectaculaire. Cette révélation est transmise au prophète, qui est le personnage principal, qui porte sur son visage les reflets de la lumière divine et qui utilise la Parole de Dieu comme une arme.

— L'attitude demandée au croyant est celle de la foi, de la conversion, du choix volontaire pour Dieu. Dans sa vie il devra s'efforcer de séparer le bien du mal, le pur de l'impur. Son attitude sera combative et tranchante, puisqu'il est en possession lui aussi de la pure vérité venue d'en haut. Son prosélytisme, son fanatisme même, pourra aller jusqu'à la guerre sainte contre les infidèles.

— La recherche de communion avec Dieu se fait donc par une vie sainte et séparée du commun; grande importance ici de la morale et des préceptes de pureté, comme les énonçaient les Pharisiens (les séparés) au temps de Jésus.

— Dieu interviendra à la fin de l'histoire des individus comme des collectivités, par une coupure violente. Une catastrophe finale viendra séparer de façon définitive le bon grain de l'ivraie.

b) Parmi les religions *mystiques*, on compte l'Hindouisme, et les voies bouddhique et taoïste. Leurs caractéristiques sont celles qui suivent:

— Dieu est immanent, c'est-à-dire partout répandu dans l'univers; tout est divin (panthéisme) et tout est un (monisme).

— Il n'y a pas de révélation venue d'ailleurs; chacun part de l'expérience du Dieu présent au plus profond de soi. Le sage ou le gourou est le guide pour cette descente en soi. L'âme pourra arriver à l'illumination, à la connaissance d'elle-même et par là, de tout l'univers.

— L'attitude du fidèle en est une de tolérance et d'accueil; ici toutes les voies de recherche spirituelle sont estimées comme identiques, en fin de compte. Les cultes peuvent tous trouver place dans cette démarche car toutes les religions se valent.

— Il y a une recherche de communion avec l'ensemble de l'univers; on cultive les parentés, les associations, les assonances plus que les différences.

— Il n'y a pas d'histoire linéaire qui pourrait être tranchée un jour, mais plutôt des cycles qui se reproduisent, dans un retour éternel du Même. Ainsi, les individus ne meurent pas mais ils se réincarnent dans d'autres organismes pour continuer leur cheminement vers le salut, qui sera la fusion définitive dans le Grand Tout divin.

Les sectes et les gnoses

À la lumière de ces tableaux, nous aimerions brosser maintenant une première classification des nouveaux groupes religieux. Les sectes nous semblent appartenir à l'univers diurne, héroïque et prophétique alors que les gnoses se rattacheraient à l'univers nocturne et mystique.

Avant d'entrer dans les détails et d'énumérer leurs principales caractéristiques, rappelons les grands axes de la secte et de la gnose tels que Richard Bergeron les tire de sa longue enquête. Les sectes, conclut-il, peuvent se définir par leur fondamentalisme, leur eschatologisme et leur radicalisme[20]. Les gnoses, par leur ésotérisme, leur temps cyclique et leur dualisme[21]

Les sectes sont:

1. *Fondamentalistes.* Il s'agit de leur attitude vis-à-vis la Parole de Dieu qu'elles prennent à la lettre et qu'elles refusent de replacer dans le contexte historique de sa composition. Pour les sectaires, la Parole divine est intervenue dans le monde comme un coup de foudre ou une giclée de lumière tombée du trône de l'Éternel. C'est la pure vérité qui n'a pas à être interprétée par les circonstances de temps et par quelque contexte littéraire que ce soit. Cette parole est arrivée entre autres au prophète ou au leader, qui est le héros fondateur du groupe, le guide qui dispose de cette parole comme d'une arme lumineuse qu'il manie adroitement. Aux adeptes est demandée la foi pure en cette parole qui est un glaive destiné à pourfendre le monde mauvais. Il n'est pas nécessaire de la méditer et de l'approfondir par des réflexions humaines; il suffit de savoir la citer en temps opportun, pour confondre le chaos des idées mondaines.

2. *Tournées vers l'eschatologie,* vers la fin des temps. Pour les sectes le temps est court. Le temps qui compte c'est le présent, l'instant de la décision et du choix pour Dieu, avant qu'il ne soit trop tard, car la fin est toute proche. Le déroulement de l'histoire où se brassent les affaires humaines, est une dégénérescence; plus ça avance, plus ça se gâte. Il est temps que ça finisse! Dieu interviendra bientôt par un acte de séparation violente. Les élus seront élevés dans les airs et les mauvais anéantis ou brûlés dans un cataclysme ou une catastrophe nucléaire. Le temps est donc près de s'arrêter pour l'établissement d'un Règne de 1000 ans de paix.

3. *Radicales.* Toute l'existence de la secte se déroule dans la dimension verticale, entre le haut et le bas. Il est demandé au fidèle de se séparer du monde mauvais dans lequel il a

été jusque-là submergé, par un acte de décision en faveur de Jésus, par un effort pour lui consacrer toute sa vie. C'est ce choix qui est illustré par le baptême, signe que la personne a été purifiée, séparée du monde, hissée hors de ses maléfices. Grande importance alors de l'éthique ou de la morale, d'une vie désormais encadrée par la discipline, pour éviter la contagion de ce qui s'agite dans «les bas-fonds enténébrés par les vapeurs de la cupidité humaine». Grande importance aussi des prescriptions alimentaires, sexuelles ou autres qui constituent l'adepte au titre d'élu ou comme membre d'une élite de purs.

Voilà énumérés quelques symboles et images appartenant à l'univers diurne: Dieu Père très-haut, sa Parole présentée comme un scalpel ou un bistouri dont se sert le Prophète pour confondre les ténèbres d'un monde déchu, effort moral des adeptes pour se tenir à la hauteur des exigences de leur vocation de «sauvés», temps qui finiront par une catastrophe, etc... Que cela suffise pour souligner la parenté d'esprit qui existe entre cette famille spirituelle et celle de la secte.

Les gnoses s'appuient sur:

1. *Une approche ésotérique de la réalité,* i.e. tournée vers l'intérieur, où les choses et les événements ont plus de poids par ce qu'ils portent en-dedans que par ce qu'ils montrent à l'extérieur. Le mot vient du grec «esoterein», i.e. «faire entrer». La connaissance gnostique n'est pas le savoir rationnel qui cherche à dominer la matière. C'est plutôt une connaissance intuitive, qui n'est pas contrainte par les lois de la logique et qui est faite de résonances, d'échos, d'analogies, où tout s'appelle et se répond, où tout participe de tout, où tout est interdépendant comme les saveurs et le fumet des éléments d'un fricot. Cette connaissance a la prétention de dépasser l'écorce extérieure des choses pour entrer dans leur essence profonde où tout est un. On rejoint ici le symbole de la descente digestive où la substance nutritive des divers aliments est atteinte par la lente décortication que leur impose l'estomac. Ainsi, par la connaissance, la sub-

stance profonde des êtres est rejointe un peu comme l'alchimiste qui, par de multiples concoctions, atteint au sel ou à l'or intime des éléments. Au plus profond de la réalité, il se dévoile finalement qu'ils sont tous divins, conscients, vivants, énergétiques et tissés d'un même écheveau.

Dans cet univers, la révélation ne tombe pas d'en-haut; elle surgit de la profondeur intime. Elle constitue une connaissance secrète, réservée à ceux qui ont fait la démarche «d'entrer en-dedans».

2. *Une conception du temps qui est cyclique.* Contrairement au temps de la secte qui achève, ici le temps ne presse pas, car l'histoire n'existe pas à proprement parler. Il n'y a rien de nouveau sous le soleil, car le présent n'est que la répétition de ce qui a déjà eu lieu. Le temps est irréel à proprement parler, seul compte le passé lointain où la vraie connaissance faisait vivre les hommes dans une sorte de Paradis perdu. C'est par le moyen de la mémoire ou de la réminiscence, mise en œuvre par les techniques de méditation, que des pans de cette époque idyllique peuvent remonter à la conscience.

3. *Une vision dualiste du monde.* Alors que tout est fondamentalement un (monisme), on constate la présence, au niveau de l'opinion courante, de concepts qui sont antagonistes, qui s'opposent: la vie et la mort, la matière et l'esprit, la divinité et l'humanité, le fort et le faible, le bien et le mal, etc... Pour la gnose, voilà le monde de l'illusion, car ces contraires sont en fait des faces complémentaires de la même réalité. Le monde de la gnose est le monde de l'inversion: la mort ne s'oppose pas à la vie, elle est nouvelle naissance, l'homme est divin, la matière est de l'esprit condensé et l'esprit de la matière sublimée, le petit (microcosme) reproduit le plus grand (macrocosme), le faible est le plus fort, etc... Ainsi, par la connaissance, les contrastes s'atténuent et se révèlent être des visages d'une même substance fondamentale.

À travers les grands axes de la gnose, nous avons en fait énuméré les grands symboles du monde nocturne, soit le renversement des oppositions qu'on retrouvait partout dans l'univers diurne, par un apprivoisement du temps et des contours des éléments matériels. Nous préciserons ces caractéristiques quand nous aborderons la gnose proprement dite.

B) CLASSIFICATION DES GROUPES SECTAIRES ET GNOSTIQUES

Voici maintenant une première subdivision des groupes qui appartiennent au monde diurne et nocturne; ces deux univers spirituels sont ceux dont nous avons brossé les principaux aspects dans les pages précédentes.

Les SECTES comptent cinq grands groupes[22] qui mettent l'accent sur l'une ou l'autre orientation que nous avons signalées: ce sont les groupes de la foi pure.

a) *Groupes à tendance apocalyptique ou catastrophique.* Ceux-ci mettent l'accent sur la grande purification qui approche et tentent même de prédire la date fatidique de la fin du monde. En fait il s'agit des plus anciennes sectes nées aux États-Unis et arrivées ici, soit:

— Les Adventistes du 7e jour, fondés en 1840 et dont la prophétesse est Ellen White (1827-1915).

— Les Témoins de Jéhovah, fondés en 1875 par Charles Russell (1852-1916).

— L'Église universelle de Dieu fondée par Herbert W. Armstrong en 1933 qui en est toujours l'animateur et président.

b) *Groupes évangélistes et baptistes* qui vont mettre l'accent sur l'effort de purification personnelle et sur l'éthique. Il s'agit de mouvements de réveil apparus au milieu du XIXe siècle, dans le sillage du Méthodisme, mouvement de piété des frères Wesley apparu dans l'anglicanisme. Ces groupes très ramifiés, comprennent:

— L'Union des églises baptistes du Canada.

— L'Association des églises baptistes évangéliques du Canada.

— L'Association des frères mennonites.

— Les Églises chrétiennes de...

— Les Assemblées chrétiennes, les frères chrétiens.

— L'Alliance chrétienne missionnaire du Québec.

c) *Groupes pentecôtistes ou églises guérisseuses.* Il s'agit d'un mouvement de réveil né aux U.S.A. et en Écosse au début du siècle, dans certaines dénominations protestantes. On y met l'accent sur l'effusion de la lumière d'en haut, de l'Esprit Saint et sur les charismes qui en découlent: glossolalie, témoignages, guérisons. Ils sont réunis dans l'Assemblée de Pentecôte du Canada (1930). On compte aussi des groupes néo-pentecôtistes plus radicaux et austères qui ont pour noms: le Temple du réveil, la Mission du Saint-Esprit, etc...

d) *Le mouvement Jésus.* Ce sont des communes issues de la «Jesus Revolution» des années 60. Ils mettent le focus sur le retour du Christ, vaillant guerrier, qui viendra confondre le monde matérialiste. Ce sont des sectes utopistes, car elles croient rassembler les bâtisseurs du monde nouveau qui s'élèvera sur les ruines de l'ancien. On y compte:

— Les Enfants de Dieu, fondés par David Berg, pasteur suisse en 1969.

— La famille de Moïse sur la montagne de l'Éternel (Paspébiac).

e) *Les sectes syncrétiques* qui sont inspirées de la Bible mais qui y introduisent des éléments hétérogènes:

— Les Mormons fondés en 1830 par le visionnaire Joseph Smith (1805-1844).

— L'église de la réunification ou mooniste, fondée en 1954 par le Rév. Sun Myung Moon, né en Corée en

1920. Il s'agit d'un mélange de christianisme, de taoïsme et de philosophie orientale.

* * *

Les GNOSES, pour leur part, pourraient être réparties en sept classes différentes[23]. Ce sont les groupes de la connaissance absolue:

a) *Les groupes orientalistes* qui s'inspirent de:

— L'hindouisme, où le Soi est vu comme identique au Brahman, à la réalité suprême. On y compte:

> — L'Association pour la conscience de Krishna, introduite en Amérique par B.S. Prabhupada, en 1965.
>
> — La Mission de la Lumière divine de Guru Mahara Ji.
>
> — Le groupe de Sri Aurobindo, certains centres de Yoga, etc...

— Du bouddhisme, voie de libération par l'anéantissement intégral du soi: ici se situent les centres de méditation Zen et la secte japonaise Mahikari, qui est aussi guérisseuse.

— De l'Islam et plus spécialement d'un courant mystique appelé soufisme. Ici se situe la Foi universelle Baha'ie, fondée en Iran, en 1863, par Baha'u'llah et implantée dans le monde par son fils, Abdul-Baha au début du XXe siècle.

b) *Les groupes de type «pensée positive»* qui ont pour objectif de découvrir les lois et les pouvoirs de la pensée, grâce auxquels succès, argent, santé, tout est possible. En font partie:

> — Les Sciences chrétiennes fondées par Mary Baker Eddy, en 1850, qui utilisent le pouvoir guérisseur du Christ.
>
> — Les Sciences du mental de Ernest Holmes, le New

Thought, les groupes s'inspirant des écrits de Joseph Murphy, certains cours de relations humaines, etc...

c) *Les groupes spirites:*

— Groupes médiumniques des sœurs Fox.

— L'Église de la guérison spirituelle.

— La Fraternité des sciences spirituelles.

— Le groupe ERA inspiré des écrits d'Edgar Cayce.

d) *Les ordres initiatiques* où l'accent est mis sur la lente démarche vers l'illumination, à travers des étapes graduées. On y trouve:

— L'Ordre rosicrucien AMORC et celui de Max Heindel (USA 1909).

— L'Ordre martiniste.

— Les Ordres des Templiers, Ordo Templi Orientis.

— Certaines branches de la franc-maçonnerie.

e) *Les groupes centrés sur la Sagesse ésotérique:*

— Les sociétés de théosophie et d'anthroposophie fondées au début du siècle par Mme Blavatski et Rudolf Steiner.

— La Fraternité Blanche Universelle, fondée en Bulgarie par Omram Mikhaël Aivanos (Bienço Douno), en 1977.

— L'Association gnostique internationale fondée au Mexique par Samuel Aun Weor (Manuel Chavez), arrivée au Québec en 1978.

— Eckankar, fondé aux États-Unis en 1965 par Paul Twitchell.

— Le Graal de Abd-Ru-Shin.

— L'Institut de métaphysique appliquée, fondé par

Mme Winifred Barton, l'Association de métaphysique du Québec, etc...

— Les groupes de Jacques Languirand, de Placide Gaboury, de Richard Blain, d'Alexis Lachance, alchimiste, etc...

f) *Les groupes de science cosmique*, axés sur la découverte des lois du cosmos qui nous régissent à notre insu:

— Le mouvement raélien introduit par Claude Vorilhon en 1973.

— Le groupe des Chercheurs en science cosmique de Mme Adéla T. Sergerie, fondé en 1970.

— La Société Tersac, la Société Urantia, etc...

g) *Les groupes de potentiel humain*, les énergies, les groupes de contrôle mental, certains groupes thérapeutiques, les groupes Psy, etc...

Chapitre IV

QUELQUES GRANDES CARACTÉRISTIQUES DES SECTES

Pour compléter notre description des sectes, nous ajoutons ici quelques autres caractéristiques qui conviennent à la plupart d'entre elles. Cette énumération est cependant assez large, de telle sorte que les éléments qu'elle contient ne se retrouveront pas nécessairement dans chacune d'elles. Elle exprime toutefois un portrait assez fidèle, croyons-nous, de la réalité des sectes.

Rappelons d'abord que le terme «secte» peut sembler péjoratif, surtout si on l'emploie par opposition au terme «Église». Nous voulons le prendre ici au sens d'un certain type d'organisation sociale et religieuse, ayant des traits particuliers, sans juger ceux et celles qui en font partie; nous ne voulons pas mettre tous les sectaires dans le même panier, certains ayant conservé une bonne part de la foi reçue des Apôtres, par exemple, les groupes baptistes et pentecôtistes.

On entendra par secte un groupe de personnes qui ont fait un choix pour Dieu ou le Christ et qui se disent choisies en retour, qui se réclament d'un prophète ayant reçu une révélation particulière du ciel et qui sont réunies dans l'anticipation de la fin des temps. Ces gens ne croient pas au désir du Christ de réunifier dans une même famille tous ceux qui croient en Lui. Ces groupes peuvent fonctionner avec un minimum de structures, comme les Assemblées chrétiennes ou les Frères chrétiens. Ils peuvent aussi se retrouver dans une organisation fortement hiérarchisée, comme les Témoins de Jéhovah et les Mormons, qui comptent plusieurs millions de fidèles.

Traditionnellement, on insistait, en parlant d'elles, sur le caractère de coupure (secare) d'avec les Églises, plusieurs sectes apparues dans l'histoire s'étant constituées en rupture de ban avec l'institution qu'on disait trop éloignée de la pureté des origines. Dans cette ligne, le christianisme avait été lui-même une secte issue du judaïsme. Les sectes remettaient aussi les sociétés en question, en vertu d'une certaine utopie. L'histoire est pleine de ces «revivals» comme celui des anabaptistes de Zurich (1520) qui se recrutaient chez les pauvres et attendaient avec ferveur le retour du Christ. Il y eut dans la même veine, les mouvements de renouveau spirituel lancés par saint François d'Assise ou saint Dominique, qui ont grandement rajeuni l'Église. Il y avait dans ces groupes une conception plus subjective de la religion, qui misait davantage sur le caractère individuel du contact avec Dieu, par opposition à la pratique des grandes masses. On se dégageait aussi d'une hiérarchie devenue trop puissante et d'un clergé souvent assimilé aux classes dirigeantes, plus instruit et plus riche, à qui on reprochait certains compromis avec le pouvoir politique.

Aujourd'hui, le mot secte a une autre résonnance, la contestation des sociétés et des Églises ayant été récupérée par les partis politiques et les idéologies laïques. On met plutôt l'accent sur le fait qu'en entrant dans un tel groupe, on se met à la suite (sequere) d'un leader ou d'un prophète pour former une arche de salut, dans l'attente du Jugement final. Il faut ajouter également que la tolérance des grandes Églises, la pratique du dialogue œcuménique et l'usage très restreint des excommunications, atténuent l'aspect de rupture qui accompagne l'adhésion à ces assemblées de dissidents.

1) Comment naissent les sectes: leur mode d'apparition

Ce qui a frappé chez nous, c'est leur arrivée massive, depuis une quinzaine d'années. Elles existent cependant dans le monde et surtout aux États-Unis depuis au moins un siècle et demi. Contrairement aux Églises qui se rattachent à la tradition apostolique, elles naissent autour d'un chef charismatique ou d'un illuminé à forte personnalité, parfois d'un autodidacte, qui se dit le prophète du Très-Haut. On a tous entendu parler de Jimmy Jones, du Temple du peuple (1975) ou du pasteur Berg, des Enfants de Dieu (1969). Ces leaders à qui Dieu a parlé ou est apparu, ont reçu pour mission d'interpréter les Écritures ou de les compléter par une révélation particulière, comme le fit Joseph Smith pour les Mormons ou Ellen White, pour les Adventistes. Dans le cas des sectes orientales il s'agit plutôt d'un Maître parfait, réincarnation de la divinité et dépositaire de la vraie connaissance nécessaire au salut, qu'il vient apporter au monde. Parfois il s'agira d'une personne choisie par des «entités supérieures», maîtres du cosmos ou jardiniers de la terre, qui sera investie d'une mission ou d'un message. Ainsi parlent les fondateurs du mouvement raélien, du groupe Eckankar ou de la Fraternité blanche universelle.

Un cas typique est celui du maître spirituel B. Swami Prabhupada débarqué aux U.S.A. en 1965, avec quelques livres sacrés et 40 roupies. Réformateur de la religion védique, il promeut la seigneurie universelle de Krishna sur tous les autres dieux du panthéon hindou. Même si ce message est très éloigné de notre sensibilité culturelle et religieuse, par sa seule prédication il fonde l'Association pour la conscience de Krishna, qui compte actuellement plusieurs dizaines de communes et quelques milliers de membres.

Attirée par le magnétisme de telles personnes, une cellule se forme et se développe; du fait du petit nombre, il s'y crée un fort sentiment de fraternité. Puisque le groupe est minoritaire et que son message est étrange, il n'a pas encore la faveur du grand public; on serre alors les rangs et on se convainc de la véracité de la nouvelle doctrine. Le monde extérieur est associé à l'ignorance et au mal. La cellule se conforte en manifestant plus de ferveur à approfondir la doctrine et à pratiquer les obligations qui en découlent. Peu à peu on se considérera comme les seuls justes et on se persuadera qu'on est en possession de la seule véritable religion ou voie de salut, qui devra tôt ou tard être annoncée au monde entier. Dès qu'on le pourra, on enverra des missionnaires qui créeront de nouvelles cellules dans d'autres milieux. La secte est fondée; il y a eu la parole du prophète, mais aussi les lois de la psychologie des groupes qui nous révèlent que le sentiment de rejet et de marginalité est le meilleur ciment pour consolider de telles associations.

Nous avons aussi évoqué la fascination du chef et l'archétype du Père qui sait tout et peut tout. Dans une Amérique où les pères sont discrédités ou absents, il y a fort à parier que le personnage du guide suprême, surtout lorsqu'il véhicule des convictions sans failles, pourra facilement s'entourer d'une auréole de prestige et d'un pouvoir de séduction aptes à attirer les personnes en quête de sécurité. Ce fut le cas de Roch Thériault, notre Moïse sur le mont de l'Éternel et d'Eugène Richer, fondateur de la Mission du Saint-Esprit, une secte néo-pentecôtiste de chez-nous.

2) Comment on entre dans une secte et à quelle condition: le mode d'appartenance

Ordinairement, on entre dans une Église par la naissance, suivant la pratique de sa propre famille. On entre dans une secte parce qu'on y a été sollicité. Les propagandistes ou les proclamateurs abordent les gens sur la rue ou à la maison; ils partent d'un dialogue où l'on échange des feuillets d'information et où l'on table sur le désir des personnes d'améliorer leur vie, de quitter des habitudes de drogue ou d'alcool, etc... Pour s'introduire dans les foyers, on fait souvent de la fausse représentation: on entre en offrant, par exemple, un cours de personnalité ou en suggérant une discussion sur le fléau du suicide chez les jeunes. On ne dira pas à ce moment-là qui on est et on ne révélera pas le nom du groupe auquel on appartient: c'est, dit-on, un mensonge pour la bonne cause! La publicité qu'on remet, comme celle de l'Église de scientologie, est rutilante et respire la joie de vivre.

D'autres clients éventuels seront repérés grâce à des techniques de marketing qui permettront d'identifier les territoires-cibles d'un quartier ou d'une ville. Certains indicateurs fréquentent les endroits susceptibles de recéler des gens seuls ou désemparés comme les gares, les terminus, les atriums de collèges. Si la personne accostée prête une oreille sympathique, on lui lance certaines questions qui feront planer des doutes sur ses croyances. On l'invite soit à une séance d'information ou à des cours de Bible; on ne la quitte plus alors d'une semelle. Parfois on va jouer sur ses peurs: peur du lendemain, d'une guerre nucléaire, de manquer sa vie, etc...

Si la personne accepte de participer à de telles réunions, on l'accueille avec grande amabilité et chaleur. Ce n'est que plus tard que viendront les pressions psychologiques, les menaces de perdre son salut si elle n'adhère pas aux principes de la secte. Dans certains cas, comme chez les moonistes et les Enfants de Dieu, on exerce des menaces physiques, des privations de nourriture et de sommeil. On fait état aussi de lavages de cerveau[24]. Peu à peu les adeptes perdent leur capacité de réfléchir par eux-mêmes; on les soumet à un endoctrinement intensif qui les empêche de penser, comme ces lectures quotidiennes obligatoires chez les Témoins de Jéhovah ou la récitation à 1728 reprises du mantra imposée aux disciples de Krishna. Ou bien on oblige à apprendre par cœur de nombreux passages de la Bible et à consacrer plusieurs heures par semaine à suivre des enseignements au temple. Cette énergie ainsi canalisée paralyse toute autre activité intellectuelle, comme celle de pouvoir analyser à froid ce qui arrive et de porter un jugement personnel. La personne qui accepte ce régime de vie est mûre pour une autre étape dans son cheminement.

3) À quelles conditions on demeure dans une secte: le mode de durée

Nous avons déjà dit que les personnes trouvent dans une secte une nouvelle personnalité et une nouvelle identité. Elles croient avoir été tirées de la grande foule anonyme des rues, pour devenir des élues de Dieu. Le salut reçu est d'autant plus merveilleux qu'il n'appartient parfois qu'au petit nombre; on connaît la prétention des Témoins de Jéhovah de faire partie des seuls 144,000 sauvés, alors qu'ils forment une communauté de plusieurs millions de membres.

Pour conserver cette identité, on va exiger que le membre de la secte coupe tous ses liens d'appartenance avec sa famille et avec les groupes qu'il fréquentait avant sa conversion: églises, clubs sportifs, partis politiques, groupes de citoyens, etc... Il devra apporter à la secte une partie de son revenu, souvent la dîme de 10%, et son travail bénévole. On lui conseille parfois de léguer ses biens par testament au groupe. Dans d'autres milieux, c'est le travail des membres, confection de bâtons d'encens, vente de bonbons, de livres ou collectes dans les endroits publics, qui assurera la survie matérielle des communautés. Il semble que l'empire financier de S.M. Moon repose sur le travail non rémunéré d'une armée de ces bénévoles.

Une certaine surveillance sera exercée sur les adeptes par leurs chefs, afin qu'ils conservent leur ferveur. On pourra pratiquer des exclusions pour préserver la pureté du groupe. Un membre qui veut quitter de lui-même sera menacé des pires malédictions comme de maladies, de faillites ou de la damnation éternelle. Quant aux grandes orientations de sa vie, il devra les choisir en dépendance de l'organisation; certaines personnes deviendront soumises à leur pasteur au point de le consulter chaque fois qu'elles posent un geste hors de l'ordinaire, comme faire un voyage ou s'acheter un vêtement neuf.

On aura soin aussi de former les enfants qui naissent dans les cadres de la communauté, afin qu'ils deviennent très tôt des membres parfaits. Les événements de Windsor,

Qué. ont attiré l'attention sur une autre pratique assez répandue[25], celle de la bastonnade des tout petits enfants, inspirée d'une interprétation stricte de certains textes du livre des Proverbes[26], où il est dit qu'en frappant le jeune du bâton, on le sauve du monde d'en-bas. Il faut souhaiter qu'on ne donne pas la même importance à un texte du Deutéronome[27] qui recommande de lapider le fils insoumis!

Il n'est pas aisé de mesurer le taux de persévérance dans les sectes. Certains abus, comme ceux auxquels nous avons fait allusion, créent un profond désarroi dans l'unanimité des groupes. Une enquête révélait, il y a quelques années, qu'au Québec, la durée moyenne des membres de certaines communautés était de quatre ans. En France, entre 1976 et 1977, 2860 personnes auraient quitté les rangs des Témoins de Jéhovah.

4) Comment les gens des sectes se considèrent-ils par rapport aux autres chrétiens: la conscience de soi

La pratique d'un ensemble de lois et d'interdictions assez rigoureuses confirme le membre dans la conviction qu'il n'est pas comme les autres. Il a le sentiment de faire partie d'une élite impeccable: c'est le complexe de la tour d'ivoire. La personne a été hissée à un sommet de perfection et elle tient à y demeurer; tout ce qui est en bas appartient au monde déchu. En toute tranquillité d'esprit, on possède la totalité de la vérité et on estime que tous les autres sont dans l'erreur. Ceux qui refusent d'adhérer, comme les membres des grandes Églises, sont plus coupables que les autres. Au fond de l'abîme gît l'Église catholique, à cause de son influence universelle et de sa prétention de succéder, en ligne directe, aux Apôtres de Jésus. Elle est le trône de Satan, selon l'image de l'Apocalypse; on ne se privera pas de relever dans l'histoire tous les scandales dont elle a été l'objet. Encore aujourd'hui, disent-ils, c'est elle qui encourage le chaos du monde moderne, en prêchant les pires déviations.

Les seuls contacts qu'on se permettra avec les autres chrétiens seront faits dans le but de les convertir et de les tirer de leurs erreurs. Nous avons noté le refus de partager le dialogue œcuménique; ce serait un compromis avec une entreprise humaine qui, comme toutes les autres, sont destinées à l'échec. On comprend ici qu'une aussi haute conscience de soi est très vulnérable; c'est pourquoi on n'acceptera pas d'admettre les abus ou les erreurs qui se commettent à l'intérieur des murs de la secte.

5) Comment y considère-t-on le temps et les choses temporelles?

On vit tout tourné vers la fin, dans un présent qui perd toute sa consistance. Il va de soi qu'on tente des prédictions concernant la date du dernier jour. Les Témoins de Jéhovah sont les plus célèbres parmi les prophètes de malheurs. Charles T. Russell leur fondateur, à l'exemple des Adventistes dont il est issu, avait avancé ses premières prédictions pour 1914, puis 1918; il se reprit en 1925 et 1930. L'avant-dernier président du mouvement tenta la date de 1975, avec autant de succès. Les Enfants de Dieu pour leur part ont fixé cette échéance pour 1995. Peu importe les résultats, il est toujours possible après coup de rectifier en mettant le doigt sur un événement hors du commun, qui s'est produit à la place. Il y a aussi, dans cette pratique, un moyen peu banal pour galvaniser les forces, ranimer la ferveur et resserrer les liens de la communauté. Les disciples de Krishna quant à eux, laissent un peu de répit à l'humanité, puisqu'il devra s'écouler encore 427,000 ans avant que nous sortions de l'ère de la déchéance, l'époque noire de Kali, responsable de tous les malheurs du monde actuel.

On fait également usage dans les sectes des images utopiques du paradis futur. On manipule l'espoir en agitant le rêve idéalisé de la société parfaite. Après la grande guerre qui s'en vient, les membres miraculeusement sauvés ou élevés dans les airs, sortiront de leurs abris et seront les bâtisseurs d'un monde meilleur. Les marginaux et les laissés-pour-compte trouvent dans cette projection une compensation pour leur manque à vivre présent. Comme on a du mal à fonder le présent, on ne vit que pour ces demains qui chantent. On refuse la perspective d'un Royaume de Dieu déjà commencé, en gestation depuis la venue de Jésus et se fabriquant à travers l'histoire, par le travail de nos mains. Le Royaume à venir ressemble plutôt à un paradis terrestre que Dieu lui-même est à la veille d'établir pour une période de 1000 ans, selon leur interprétation de l'Apocalypse, suite à une victoire éclatante sur tout le Mal du monde.

C'est pour cette raison que les sectes découragent leurs membres de tout engagement social ou dans les choses temporelles. Il est préférable de consacrer ses énergies aux affaires internes du groupe ou à mieux connaître la doctrine. On ne peut rien changer aux événements du monde qui découlent de l'organisation de la société, car tout est temporairement sous le pouvoir du Mauvais. Certaines sectes condamnent même le travail des organismes des Nations-Unies, car ils sont, selon elles, des officines du Royaume de Satan. Dans les pays du tiers monde, alors que les chrétiens luttent pour plus de dignité si ce n'est pour leur survie matérielle, les membres des sectes sont priés de ne pas se mêler de ces problèmes de libération ni d'aucune organisation sociale. La raison: le retour glorieux du Christ, qui ne devrait pas tarder, se chargera de tout cela et mieux que nous ne saurions faire!

Malgré un grand usage de la Parole de Dieu, on réussit à sauter à pieds joints par-dessus certains textes du Nouveau Testament comme celui de Matthieu (24, 36) où Jésus donne cette consigne à ses disciples: «Quant à la date de ce jour... personne ne la connaît, ni les anges dans le ciel, ni le Fils, ni personne si ce n'est le Père.» Et cet autre de Paul aux Thessaloniciens (2 Th 2, 1-3): «À propos de ces événements, ne vous laissez pas alarmer par des paroles prophétiques... Que personne ne vous abuse d'aucune manière.»

6) Comment considère-t-on Jésus dans les sectes d'inspiration chrétienne?

Les membres des sectes veulent reprendre contact avec le Jésus des origines. Pour ce faire, ils se coupent de 2000 ans d'histoire qui ont porté bien des malheurs, mais aussi de nombreux exemples de prière, de réflexion assistée de l'Esprit Saint et de vie édifiante; cet intervalle qu'ils considèrent comme un fouillis qu'il vaut mieux écarter de sa pensée, a donné aussi de grandes familles spirituelles et des saints qui, pour leur époque, ont été le visage concret de Jésus pour leurs contemporains. Puisque le temps est pour eux un facteur de pourrissement, la référence au Jésus de l'évangile est première et dernière dans ces groupes. Leur prophète est le seul canal autorisé pour recevoir les messages de Jésus; à travers une sorte de «téléphone rouge» c'est Jésus qui lui transmet directement les consignes et les nouvelles révélations pour le monde. Ainsi Joseph Smith a introduit, suite à une révélation divine, certaines coutumes que l'église mormone pratique encore, soit le baptême et le mariage pour les morts. Ellen White des Adventistes a également rétabli le précepte du sabbat et écrit 4000 articles ainsi que 45 livres, qui sont considérés comme l'égal des Écritures inspirées. Le prophète fondateur peut même s'arroger l'intiative d'altérer le sens des textes bibliques quand il n'est pas conforme à ses vues; Charles T. Russell qui n'avait pas de formation en exégèse ni une très forte scolarité, a pris sur lui de changer la formulation des paroles de l'institution de l'Eucharistie, en faisant dire à Jésus non pas «ceci est mon corps» mais «ceci représente mon corps».

Il est clair que l'image de Jésus va varier beaucoup d'une secte à l'autre. Certaines retombent dans les conceptions erronées, condamnées par les premiers conciles de l'Église, en faisant de Jésus une sorte d'ange, qui, sans être devenu vraiment homme, a fait semblant de vivre comme nous (docétisme). D'autres ne le considéreront que comme un homme de grande envergure que Dieu a magnifié (arianisme). Nous ne pouvons pas énumérer ici tous les autres visages que donnent à Jésus les sectes plus récentes: il est tantôt un extra-terrestre, tantôt une réincarnation de Krishna, tantôt un des grands initiés, tantôt un messie qui a échoué dans sa mission de former une famille parfaite, sa crucifixion l'ayant empêché de se marier. On est alors très loin de l'antique tradition chrétienne qui maintient qu'au sujet de Jésus Christ, vrai Dieu et vrai homme, il n'y a plus à attendre de nouvelle révélation depuis la parole des Apôtres, avant son apparition dans la gloire[28].

7) Est-on à l'abri de toute faute une fois qu'on a reçu le salut?

Le salut est considéré par les sectes comme une sorte d'empreinte indélébile, la marque d'un sceau qui écarte de manière définitive l'emprise du mal sur les personnes. Il reste que pour elles comme pour tout être humain, vaut le principe que nous a laissé Jésus, indiquant qu'on reconnaît un arbre à ses fruits. On peut être à l'abri de certaines fautes, à cause de cadres de vie très sévères, mais d'autres occasions peuvent se glisser imperceptiblement: il s'agit des trois tentations que Jésus lui-même a subies durant son ministère et dont lui seul a triomphé complètement. La tentation du pouvoir personnel dont ne sont pas exempts les leaders, à cause de la grande autorité dont ils jouissent. On en a de beaux exemples chez les fondateurs de la Mission de la lumière divine et de l'Association pour la conscience de Krishna, qui se sont laissés vouer un culte, comme à des réincarnations de la divinité. S.M. Moon, pour sa part, se présente comme le Père de l'humanité et le nouveau Messie. Tentation aussi du pouvoir économique; certaines sectes sont de véritables trusts financiers, dont celle de Moon, qui est un empire de plusieurs milliards de dollars. Le seul ministère sur les ondes a rapporté aux USA, en 1980, des revenus de plus de 500$ millions; au Canada, les évangélistes ont reçu annuellement ces dernières années plus de 40$ millions, dans le cadre de leurs 25 émissions télévisées, selon une enquête du CRTC[29]. Tentation enfin du pouvoir politique qui peut prendre forme de compromis avec certains partis en place, qui ne demandent pas mieux que la religion soit une affaire privée et devienne un facteur de stabilité. Certaines publications comme celle de l'Église universelle de Dieu, «La Pure Vérité», proposent un retour aux valeurs de «la loi et de l'ordre» et font, par exemple, de l'émancipation des femmes la cause de tous les désordres de notre époque. On croirait y entendre la voix de certains politiciens de droite. Il n'est pas impossible, par ailleurs, que certaines sectes soient infiltrées par les services spéciaux américains et ceux de l'Est, qui leur fournissent les fonds pour leur fonctionnement[30].

8) Fait-on une véritable expérience de conversion en entrant dans une secte?

Si les personnes qui s'y présentent n'étaient auparavant que des croyants peu convaincus, peu fervents et surtout ignorants du contenu de leur foi, il peut arriver qu'elles fassent une première rencontre avec Jésus Christ qui sera déterminante, en entrant dans de tels groupes. Nous parlons ici surtout des sectes qui présentent le véritable visage de Jésus Christ vrai Dieu et vrai homme, qui adorent Dieu comme Père personnel et qui reconnaissent l'action de l'Esprit Saint dans les cœurs. Cette expérience est souvent très profonde, malgré l'âge ou le nombre d'années qu'on avait passées comme fidèle d'une Église. La rencontre avec le Christ pourra s'effectuer au niveau du cœur ou des tripes, comme nous disons, et venir changer toute la vie. Ce ne sont pas seulement des idées qui sont changées, raison pour laquelle il n'est pas facile de discuter avec ces gens, surtout s'ils sont nouvellement convertis; les raisonnements n'ont plus aucune prise sur leur expérience qui a été vitale. Contre les meilleurs arguments, ils ont comme preuve le bouleversement de leur vie. Suite à une telle conversion que les sectaires ont soin de dater précisément, plusieurs ont réussi en effet à quitter une longue habitude d'alcoolisme, de drogue ou d'homosexualité, et à se réconcilier avec Dieu et avec eux-mêmes. Ce revirement complet de leur existence explique un certain fanatisme dans leur nouveau comportement. Ils ont maintenant, on le comprend, la volonté de convertir leur entourage et ils ne rencontreront plus personne si ce n'est pour lui proposer avec intransigeance de faire la même démarche.

9) Comment lit-on la sainte Bible dans les sectes?

En langage savant on appelle «fondamentalisme» la manière bien particulière dont les sectes se servent pour lire et expliquer la Bible. À savoir qu'on la considère d'un seul bloc, comme si elle était tombée du ciel comme un météorite ou dictée du début à la fin d'une seule coulée, à l'oreille de l'écrivain sacré. Elles ne veulent pas tenir compte que ses 73 livres ont été écrits dans des contextes différents et à des époques très variées, pendant une période de plus de mille ans. Et que leur rédaction surtout s'exprime à travers des genres littéraires multiples; un poème, un article de loi, le récit d'un événement, une parabole, un témoignage de foi ne sont pas tous vrais de la même manière. Les sectes ont plutôt tendance à prendre chaque parole de la Bible hors contexte et à interpréter littéralement ce qu'elle contient. Le texte écrit ou imprimé a aussi une grande importance.

On s'efforce ainsi de démontrer, par exemple, que le monde a été réellement créé en sept jours de 24 heures, que Josué a vraiment arrêté le soleil de tourner dans le ciel, que le lièvre est un ruminant, comme le dit le Lévitique, malgré les données vérifiables de la science actuelle. On interprète donc les textes de manière raide et littérale comme des écrits an-historiques, i.e., qui ne sont pas soumis à l'histoire. On en fait alors l'instrument de ses convictions ou une arme pour démolir l'adversaire. On les fait mémoriser aux adeptes, pour donner l'impression à leurs interlocuteurs qu'ils maîtrisent toute la Bible. En fait, il s'agit de 40 à 50 textes qu'on apprend par cœur, qui se renvoient les uns aux autres et qui sont aptes à dérouter les chrétiens des grandes Églises, au niveau des données de leur foi. On attaque également d'autres aspects comme le sacerdoce des prêtres, l'eucharistie, l'utilisation des crucifix et des statues, etc...

On fait aussi beaucoup de concordisme, c'est-à-dire de correspondances entre certains événements de l'actualité et les textes des anciennes prophéties en particulier. On y lit comme dans une boule de cristal l'annonce de guerres[31], d'assassinats de personnages publics. On se sert de la Bible enfin comme un véritable livre de science d'où il est possible de tirer des informations sur la date exacte de la création du monde et de l'homme, soit l'un en 46,028 avant Jésus Christ et l'autre en 4026, du déluge universel, en 2473. On joue beaucoup avec les chiffres que la Bible contient, comme s'ils exprimaient de la mathématique exacte. Par exemple les 144,000 élus, le nombre 666 qui appartient à la Bête de l'Apocalypse, qu'on ne se gênera pas pour appliquer au Pape ou à tel chef politique, les 2300 soirs et matins des prophéties de Daniel, annonçant la fin des temps, etc...

Les sectes se font une véritable religion du Livre. Elles sont plus intéressées par le texte écrit, approuvé officiellement par leurs chefs, que par la Parole vivante, portée dans les consciences et approfondie dans la foi, transmise de génération en génération à travers le Peuple de Dieu qui, sous la motion de l'Esprit Saint, essaye de la relire et de l'adapter aux situations changeantes qu'il rencontre. Les sectes oublient trop aisément que la Bible ne nous a pas été donnée pour satisfaire notre curiosité ou pour acquérir une quelconque supériorité ou un ascendant sur les ignorants. C'est plutôt un dessein d'amour sur le monde que Dieu nous y révèle et son plan de salut, non pour une minorité, mais pour tout le genre humain.

Les sectes semblent ignorer finalement que la Bible témoigne d'une longue éducation du Peuple de Dieu étalée sur plus de 2000 ans et que Dieu y fait preuve d'une bonne pédagogie de croissance. Il parle d'abord à des enfants rustres et primitifs, puis à des adolescents instables. En Jésus Christ, son Verbe fait chair, il accomplit la perfection de la révélation, au moment qu'il a jugé opportun. Aussi n'a-t-on pas le droit de mettre sur le même pied une parole du Lévitique, comme l'obligation de la circoncision ou l'interdiction de manger du sang, et d'autre part la Loi des Béatitudes, qui est le sommet de la révélation chrétienne. Ici le commandement de l'amour vient mettre fin à celui de la guerre sainte et de la haine des ennemis. Ici la miséricorde remplace bien des sacrifices. Les prescriptions données au peuple arrivé à sa maturité effacent celles qui convenaient à son enfance. Ainsi, il n'est plus nécessaire d'interdire à un adulte l'usage des images ou des reproductions de la divinité, parce qu'il sait très bien distinguer entre le signe et la réalité qui est signifiée.

Les sectes ont parfois tendance à changer le sens des textes, comme nous l'avons signalé. Il est plus facile alors de dénoncer les pratiques des Églises comme la vénération de la Trinité, la célébration des sacrements ou le culte à Marie. Ou encore, d'alléguer une révélation privée pour rétablir ce que les premiers chrétiens ont écarté, comme la pratique du sabbat ou la polygamie. Il faudrait relire ici la lettre de Paul aux chrétiens de Galatie, qui leur rappelle la caducité de la Loi ancienne: «Comment retourner encore, disait-il, à ces éléments sans force ni valeur auxquels, à nouveau, comme jadis, vous voulez vous asservir[32]?»

10) Quel état d'esprit crée la mentalité sectaire?

Cette mentalité, qui n'est pas, bien sûr, réservée qu'aux membres des sectes et qu'on peut trouver également à l'intérieur des Églises[33], est une conséquence de l'usage exclusif des symboles qui appartiennent à l'univers diurne. Nous les avons évoqués au chapitre troisième. Comme cet environnement symbolique est très proche de celui des sectes, nous allons en esquisser quelques traits. Il s'agit d'une vision du monde que l'on nomme «schizoïde» et qui met l'accent sur la séparation, la dissociation, la discrimination.

On note d'abord le complexe de la «tour d'ivoire» ou le refus de se compromettre avec tout ce qui bouge, au profit d'une vision statique des choses. On a vu combien le temps qui avance est perçu par les sectes comme un facteur de déclin des institutions et de dégénérescence du monde. On préfère alors le recul, le désengagement des choses temporelles, pour les regarder ou les juger avec le regard immuable de l'Éternel, d'où provient l'ordre statique du monde. Cette distanciation s'accompagne d'une perte de contact avec toute une partie du réel qui est plus complexe que les cadres qu'on lui impose. On se réfugie dans un mouvement de fuite hors de la mêlée, dans le «statisme de la transcendance».

Ce recul s'accompagne d'une recherche de distinction, d'une sorte de fureur d'analyse en vue de classer les gens et les événements en purs et impurs, en récupérables ou totalement perdus. Chercher la petite bête noire, comme on dit, devient une idée fixe; la dénonciation du mal peut alors occuper tout le champ de la conscience. Aussi les gens des sectes vivent souvent dans la tension, en état constant de «légitime défense» contre le mal qui prolifère et avec qui il ne faut accepter aucun compromis.

La pensée qui se développe est une pensée par antithèse ou une pensée «contre»: le bien contre le mal, la lumière contre les ténèbres, l'ordre contre le chaos, le haut contre le bas, le Royaume contre le monde, l'esprit contre la chair, etc... Il s'agit d'une vision manichéiste où tout est blanc ou noir, mais sans nuances intermédiaires possibles. On cherche la polémique, on dénonce dans le but de convertir, car il n'est pas possible d'appartenir aux deux mondes à la fois.

Cette attitude globale peut présenter dans le concret bien des variantes, mais il nous semble qu'il y a dans ce portrait comme la pointe extrême où finissent par se réfugier les plus fervents des sectaires ou les ultras. À la rigueur, il pourrait même s'agir d'une attitude carrément schizophrène, où le sujet s'étant coupé du monde, voit le monde se fractionner sous ses yeux[34].

De façon générale, le sectaire vit sous tension et il est constamment d'attaque... Son pessimisme face au déroulement de l'histoire le rend perpétuellement en quête d'un scandale à dénoncer. On pourrait lui demander, en terminant ce chapitre, comment il vit la joie dont la Bible est pleine. Même les psaumes les plus pathétiques, suscités par les situations les plus noires, s'achèvent par des envolées joyeuses. Où est cette joie que Jésus commandait à ses disciples (Lc 10, 20) même en temps de persécutions (Mt 5, 12)? La détente joyeuse au sein des situations catastrophiques ne serait-elle pas le critère par excellence pour vérifier l'action de l'Esprit Saint et la présence de la véritable espérance au sein d'une entreprise d'évangélisation (1 Th 1, 6; Ga 5, 22)? Le livre de l'Apocalypse invoqué pour annoncer les malheurs qui approchent n'est-il pas lui-même rempli d'alléluias qui anticipent la joie du triomphe de l'Agneau (Ap 19, 1-8)?

Chapitre V

FICHES D'INFORMATIONS
SUR QUELQUES GROUPES SECTAIRES
(parmi les plus connus dans nos milieux)

NOM DU GROUPE

A) FONDATEUR ET ORIGINES
B) DOCTRINE ET IDÉOLOGIE DE FOND
C) MORALE ET CULTE
D) AUTRES CARACTÉRISTIQUES OU TRAITS MAJEURS
E) DIFFUSION ET ORGANISATION
F) PUBLICATIONS
G) QUESTIONS À POSER À CES GROUPES
H) RÉFÉRENCES POUR EN SAVOIR DAVANTAGE

Les groupes étudiés seront:

1) LES TÉMOINS DE JÉHOVAH
2) LES BAPTISTES ET LES GROUPES ÉVANGÉLIQUES
3) LES MORMONS
4) L'ARMÉE DU SALUT
5) LES ÉGLISES ÉLECTRONIQUES
6) LES PENTECÔTISTES
7) LES ADVENTISTES DU SEPTIÈME JOUR
8) L'ÉGLISE UNIVERSELLE DE DIEU
9) LES ENFANTS DE DIEU
10) LES JEUNES CATHOLIQUES À L'OEUVRE
11) LES MOONISTES

N.B. Nous nous contentons de tirer ici quelques grandes lignes qui gagneraient à être complétées à l'aide des références que nous ajoutons à la fin de chacune des fiches.

LA SOCIÉTÉ DE LA TOUR DE GARDE
OU
LES TÉMOINS DE JÉHOVAH

A) Fondateur et origines

En réaction contre les presbytériens qui prêchaient le châtiment éternel des damnés, Charles T. Russell, né à Pittsburg en 1852, se passionnant pour les calculs des Adventistes qui, de son temps, essayaient de prévoir la fin du monde, organise la *Société de la Tour de garde*, un groupe biblique, en 1878. Russell est une personne qui a un fort sens de la publicité et de l'organisation, qu'il léguera à son groupe. Il croit pouvoir annoncer pour 1914 la fin des temps. Il fait beaucoup de prédication, du porte à porte, distribue des tracts. Il va créer une maison d'édition qui, en 1914, aura déjà publié 71 millions de tracts et un million de livres. À sa mort, il a derrière lui 20,000 disciples. Son successeur, le juge J.F. Rutherford (1916), mènera une forte campagne anti-catholique et annoncera pour 1925 le retour d'Abraham, d'Isaac et de Jacob. C'est lui qui va imposer, en 1931, le nom de *Témoins de Jéhovah*, un nouveau nom pour désigner le Dieu de la Bible. Il meurt en 1942. Nathan Knorr, qui lui succède, va fonder une école de formation missionnaire. Knorr aussi annonce une date reportée du Jugement dernier, en 1975 cette fois, avec le même succès que ses prédécesseurs. Sous son règne, les Témoins deviennent plus calmes et adoptent une approche «low profile» qui évite les attaques de front contre les catholiques.

B) Doctrine et idéologie de fond

Toute la doctrine des Témoins de Jéhovah repose sur une interprétation littérale, fondamentaliste de la Bible, dont chaque mot est considéré comme inspiré directement de Dieu. Ils tirent les textes de leurs contextes, pour donner à tous la même valeur. Ils apprennent ces textes par cœur pour les réciter par la suite aux gens qu'ils approchent.

Ils en arrivent à *rejeter trois points essentiels du christianisme*, suite à ce type d'interprétation de la Bible. *Aussi, est-il impossible de les appeler «chrétiens».*

a) *Ils nient la Trinité* qu'ils considèrent comme une invention du Diable, puisqu'elle n'a pas de fondement biblique, le mot ne s'y trouvant pas comme tel. Dieu est unique, Jésus est sa plus parfaite créature, mais il n'est pas Dieu. Avant de naître, il était l'Archange Gabriel. Il a pris un corps humain en apparence seulement. Il a été constitué fils de Dieu par son baptême. Sa résurrection est simplement son retour à l'état angélique; on peut dire qu'elle est purement symbolique, comme de dire que Beethoven revit dans sa musique. L'Esprit Saint n'est pas non plus un être personnel, il est incapable de relations; il est plutôt une force de Dieu.

b) *L'âme humaine n'est pas spirituelle ni immortelle;* il ne reste plus rien de la personne après sa mort. À la fin des temps, Jéhovah va recréer l'humanité sainte, à partir de rien... soit les 144,000 élus et un autre groupe, les Jonadabs, qui vivront pour toujours une existence matérielle. Il existe donc deux sortes de résurrection celle des créatures nouvelles destinées à la vie céleste avec Jésus et celle de l'immense majorité des autres qui vivront les 1000 ans de paix. Les mauvais sont détruits à leur mort; il n'y a pas d'enfer. Le règne de 1000 ans est à la veille d'être instauré; ensuite viendra la grande épreuve finale et la défaite définitive de Satan.

c) Ils croient que l'humanité existe depuis 6000 ans (les six jours de la création multipliés par 1000). Depuis 1914 où Satan a reçu dans le ciel un premier coup de grâce de Dieu, il s'agite dans le monde; c'est la raison pour laquelle les forces du mal se déploient aujourd'hui avec une ardeur particulière. Toutes les institutions civiles ou religieuses en sont infestées actuellement, raison pour ne pas participer à leurs entreprises.

C) Morale et culte

Les Témoins n'ont ni église, ni ministre, ni sacrement, ni service religieux proprement dit. Leur baptême est plutôt le signe public que leur conversion a eu lieu. On se marie également sans cérémonie et entre Témoins. La Cène n'est que l'évocation du geste fraternel de Jésus, qui n'a pas réellement donné son corps à manger à ses disciples. La seule fête annuelle soulignée est celle qui commémore la mort de Jésus.

Les Témoins pratiquent la sévérité en tout, leur vie est très austère. Pas de sport, pas de chasse ou de pêche, pas de musique profane, pas de loisir commercialisé, pas de tabac. On boit avec tempérance. Le temps libre sera consacré à la lecture des manuels et de la Bible.

D) Autres caractéristiques

1. Ils déduisent d'une pratique du Lévitique, qui défend de consommer du sang, l'interdiction de recevoir des transfusions sanguines.

2. Ils tirent d'autres nouveautés de la Bible: qu'il est interdit de construire un arbre de Noël, ce qui serait un geste idolâtrique selon le prophète Jérémie; qu'il est défendu d'afficher des images saintes, des crucifix, de participer à des organisations sociales.

3. Ils croient que l'homme n'a pas évolué, qu'il a été créé tel qu'il est aujourd'hui.

4. Ils affirment que Jésus n'a pas été fixé à une croix mais pendu à un gibet.

E) Diffusion et organisation

Les Témoins ont un sens hiérarchique très fort. Tout est contrôlé depuis le siège central du mouvement qui est à Brooklyn, N.Y. À la tête de chaque circonscription, il y a un collège de surveillants. Ils assistent à chaque semaine à une réunion, à la Salle du Royaume, qui dure de 5 à 6 heures. Cette rencontre est parfois ouverte au public. Suivra une session pour les « proclamateurs » qui font du porte-à-porte et qui, en plus de leurs études personnelles, reçoivent pour cette fonction une séance de formation. On parle d'eux en termes d'endoctrinement permanent, du fait qu'ils doivent apprendre par cœur de nombreux textes de la Bible. Quand une personne veut quitter le groupe, elle subit un train de menaces personnelles. Les enfants, pour leur part, doivent suivre leurs parents aux réunions; ils ne peuvent lire autre chose que les publications du mouvement.

Le public-cible des Témoins sont les mécontents qui condamnent en bloc la société ou encore les gens qui ont eu des querelles avec leurs pasteurs ou leurs curés. Les témoins font preuve d'un prosélytisme agressif; quelqu'un qui leur montre le moindre intérêt sera poursuivi par des invitations pressantes à suivre leurs cours de Bible. Les Témoins font aussi des réunions de masse dans les grands stades (v.g. le stade Olympique) pour montrer aux membres comme au grand public, la force du mouvement et pour afficher leur sens de l'élitisme: ce sont eux les sauvés! Leur diffusion dans le monde serait autour de 2 millions, répartis dans 210 pays, en 40,000 petites congrégations.

Ils se financent à même la vente de leurs publications éditées en plusieurs langues, par des legs testamentaires et la contribution financière que chaque membre est tenu de verser au mouvement. Ils possèdent, en plus, des usines de disques et des émissions sur un grand nombre de postes de radio et de télévision.

F) Leurs publications

Ils distribuent *la Sainte Bible*, traduction du Monde Nouveau. Dans cette présentation de la Bible, plusieurs passages ont été transformés pour appuyer leurs croyances. Il y a aussi leur catéchisme: *La vérité qui conduit à la vie éternelle*, et des tracts comme *Réveillez-vous* et *La Tour de garde*.

G) Questions à poser aux Témoins de Jéhovah

— Comment peut-on nier la sainte Trinité, quand le Père, le Fils et le Saint-Esprit sont nommés si souvent dans les évangiles, par Jésus entre autres, lors du commandement à ses disciples: «Baptisez-les au nom du Père, du Fils et du Saint-Esprit»?

— Comment affirmer que Jésus n'est pas Dieu quand lui-même a affirmé sa divinité à plusieurs reprises: «Le Père et moi nous sommes un... Glorifie-moi de la gloire que j'avais auprès de Toi avant la fondation du monde» (Jn 17, 5). Ou encore, l'affirmation du prologue de Jean 1, 1: «Au commencement était le Verbe... il était auprès de Dieu et il était Dieu.»

— Si la résurrection de Jésus n'est que symbolique, comment expliquer que les textes évangéliques nous le montrent vivant auprès des siens après sa mort et que des générations de chrétiens ont accepté de donner leur vie dans le martyre pour témoigner de cette réalité essentielle?

— Comment peut-on conserver une vision pessimiste et tragique de la vie toute tendue avec angoisse vers la fin, qui sera la manifestation de la Colère de Dieu, où la majorité des humains sera anéantie et exclue du salut, quand toute la Bible nous dit la volonté divine de sauver tous les hommes. Où est alors cette joie que nous recommande saint Paul: «Réjouissez-vous sans cesse»...

— S'il n'y a que 144,000 sauvés, que deviendront les 2 millions de membres du mouvement des Témoins de Jéhovah?

— S'il ne reste rien de la personne à la mort, comment expliquer que ce sera la même personne qui sera recréée par Dieu à la fin des temps? comment cette personne pourra-t-elle retrouver la mémoire de toutes ses expériences antérieures et sa subjectivité propre?

H) Références pour en savoir davantage

- Le feuillet édité par Novalis, préparé par Jean Martucci, 1978.
- La revue *Fêtes et Saisons*, octobre 1980.
- Le Dossier du Conseil de Pastorale Rive-sud, *op. cit.*, page 277 ss.
- Alain Woodrow, *Les Nouvelles sectes*, pages 30-31; 87-89; 180.
- Girault et Vernette, *Croire en dialogue*, pages 296-98; 320-23.

LES BAPTISTES, BAPTISTES ÉVANGÉLIQUES OU BIBLIQUES

Autres groupes du même embranchement:

- La corporation des Frères chrétiens, les Assemblées chrétiennes;
- Les Frères mennonites, les Églises chrétiennes de...;
- L'Alliance chrétienne missionnaire, la Chapelle évangélique de la Foi, l'Église de l'Alliance, etc...

A) Fondateur et origines

Ils disent n'avoir aucun fondateur, sinon Jésus Christ lui-même. Il est possible cependant de repérer les coordonnées historiques de leur fondation. Ils remontent aux Anabaptistes qui s'étaient formés en communautés ferventes au XVIIe siècle. En était sortie l'Église baptiste avec John Smith en 1612. Cette église s'est divisée dans des courants différents: l'un, plus calme, qui a donné naissance à l'église baptiste américaine, lors de la colonisation (y appartiennent Martin Luther King et l'ancien président Carter) et à la First Baptist Church du Canada. Un autre groupe, plus virulent, qui a subi l'influence des mouvements de réveil fréquents en Europe dans l'anglicanisme (les frères Wesley en 1744) et le luthéranisme (le courant piétiste), a essaimé jusqu'au Québec dans les années 70. Les baptistes évangéliques étaient autour de 300 membres alors; ils sont devenus plus de 4000 en 1981, et sont 130,000 au Canada.

B) Doctrine ou idéologie de fond

L'accent est mis sur le salut personnel en Jésus Christ, suite à une décision de le faire entrer dans sa vie. Il semble que cette décision est définitive et irréversible; la personne reçoit le salut et devient impeccable. Le seul appui pour être conduit à ce geste, c'est la lecture de la Bible (la Bible, toute la Bible, rien que la Bible!). Chacun interprète la Parole de Dieu selon les lumières qui lui sont données par l'Esprit Saint. Il est fréquent d'entendre un baptiste dire: «le Seigneur m'a dit...» La Bible est pour un baptiste l'autorité finale en matière de foi et de morale; il n'y a pas d'ajouts possibles, comme dans certaines autres sectes. On établit une relation exclusive avec Jésus Christ; c'est à lui seul qu'on reconnaît une autorité sur sa propre conduite, au-delà de toute intervention civile ou ecclésiastique. Cette autorité s'exerce par l'entremise de la communauté locale à laquelle on appartient.

Les baptistes contestent plusieurs dogmes catholiques:

a) Ils refusent tout intermédiaire ou intercesseur entre Dieu et les hommes, autres que Jésus Christ, seul Médiateur. Ils refusent de façon générale le principe sacramentel selon lequel Dieu peut transmettre sa grâce à travers des signes sensibles, les sacrements, ou des personnes, les ministres, comme il l'a fait à travers l'humanité de son fils Jésus.

b) Ils refusent le dogme de la communion des saints, formulé au 4e siècle, en vertu duquel tous les baptisés sont branchés sur le Christ, sainte Vigne du Père, mais aussi les uns sur les autres. D'où leur refus de prier pour les morts ou de demander aux saints d'intercéder pour nous.

c) Ils ne croient pas à la présence réelle du Ressuscité dans l'Eucharistie. Leur cène n'est que le repas symbolique des amis du Christ. Ils refusent la messe, car ce serait la réitération du sacrifice de Jésus, qui est unique dans l'histoire et non renouvelable. Ils refusent pour la même raison le sacerdoce des prêtres et des évêques, car il n'y a qu'un seul sacerdoce, celui du Christ (cf. Lettre aux Hébreux). Ils dépendent en cela des structures de pensée héritées de la Réforme protestante, qui ne croit pas que les paroles de Jésus répétées en mémoire de lui transforment les aliments dans le Corps et le Sang précieux de Celui qui est mort et qui est ressuscité. «Le pain que nous rompons n'est-il pas en communion au Corps du Christ», disait déjà saint Paul aux Corinthiens (1 Co 10, 16). Les baptistes ignorent ce pain, ils méconnaissent aussi la volonté d'unité qu'il signifie. Aussi sont-ils anti-œcuméniques.

C) Morale et culte

Ils reçoivent le baptême par immersion, réservé aux adultes. Ce baptême n'est pas un sacrement, mais le signe extérieur que l'on a déjà donné sa vie au Christ. Ils tiennent des réunions régulières de prières et de lectures bibliques, accompagnées de témoignages. Ils se choisissent des pasteurs à l'intérieur des communautés. Ils payent la dîme stricte (10%) de tous leurs revenus. De nouvelles communautés se forment parfois par schisme interne.

Leur morale est très sévère, faite d'un idéal de perfection volontariste, qui a des relents de puritanisme. Tout l'effort consiste à se séparer du monde déchu. Les pratiques de pureté, consécutives à la décision pour Jésus, font de l'individu le membre d'un groupe d'élite face à un monde corrompu.

D) Autres caractéristiques

1. La dépendance face aux pasteurs est souvent très forte; elle semble encore plus accentuée qu'à l'époque de la «priest ridden province».

2. Ils font de la propagande et du prosélytisme en passant de porte en porte, en fréquentant les milieux scolaires. Ils se recrutent par le témoignage personnel de leur conversion. Ils utilisent parfois des techniques d'accrochage qui ressemblent à de la fausse représentation. Ils savent repérer et entourer certaines personnes en difficulté, des jeunes en détresse (drogue, alcool, foyers divisés), qu'ils accueillent dans leurs communautés.

3. L'homme est dans un état de dépravation totale; c'est cette situation dont ils rendent conscients leurs nouveaux adeptes afin qu'ils poussent leur cri vers Jésus qui, seul, peut les tirer du bourbier.

E) Diffusion et organisation

Ils font preuve d'une grande souplesse de structure. Chaque communauté est autonome et fonctionne par elle-même. Il existe cependant des fédérations, v.g., *l'Union des Églises baptistes françaises du Canada*, comptant au début des années 80, 15 communautés, et l'*Association des Églises baptistes évangéliques*, en comptant 43 à la même date.

F) Questions à poser aux baptistes

— S'il n'y a qu'un seul sacerdoce, celui du Christ, comment expliquer que très tôt les Apôtres ont imposé les mains aux Anciens et aux Presbytres, en les faisant chefs des communautés naissantes, de même qu'aux Sept, les futurs diacres (cf. Paul à Timothée, 2 Tm 1, 6)? Si les pasteurs reçoivent une si grande autorité de la communauté, ne serait-ce pas en vertu du sacerdoce imparti à tous les baptisés? n'est-il pas possible de participer également au sacerdoce unique du Christ, tout en reconnaissant qu'il est l'unique Médiateur?

— Pourquoi refuser de prier pour les morts alors que cette pratique remonte à l'Ancien Testament, comme le firent les Maccabées (voir 2 M 12, 45)?

— Pourquoi refuser d'entrer dans la volonté d'unité clairement formulée par Jésus lors de la dernière cène, comme nous le rapporte l'apôtre Jean: «Qu'ils soient un comme nous sommes un, Père» (17, 22)?

— Pourquoi cette coutume de ne pas s'identifier et même de cacher ses intentions lorsqu'on visite les rues ou les milieux scolaires?

G) Références pour en savoir davantage

— Richard Bergeron, *op. cit.*, pages 82-84.
— Le Dossier régional de Pastorale Rive-sud, *op. cit.*, pages 149-152.

LES MORMONS
OU L'ÉGLISE DES SAINTS DES DERNIERS JOURS

A) Fondateur et origines

Les Mormons ont été fondés à Lafayette, U.S.A., par Joseph Smith (1805-1844), en l'année 1830. Ce Joseph Smith, jeune méthodiste appartenant à une famille de visionnaires est témoin de la multiplication des sectes et il cherche la vraie religion. Il s'adonne aussi à la recherche de trésors, à l'aide de la radiesthésie. En 1820 lui apparaît la Trinité qui lui confirme la vanité des sectes. En 1823 il reçoit la visite d'un ange qui lui annonce la découverte prochaine d'un livre mystérieux, racontant l'histoire du peuple de Dieu en Amérique du nord.

Ce livre avait été rédigé par Mormon, le dernier roi des Néphites, colonie Israélite, immigrée en Amérique, après la chute de la Tour de Babel. En 1827, Smith trouve ce livre manuscrit, gravé sur des plaques d'or, avec Urim et Tumim, deux pierres magiques qui l'aideront à en déchiffrer le texte. Smith a 22 ans et n'a que trois années de scolarité. Il entreprend donc de traduire le livre qu'il est le seul à voir, les autres risqueraient de mourir s'ils y posaient les yeux. Il en dicte le contenu à un voisin, Martin Harris, en étant séparé de lui par un rideau. Le tout sera jeté au poêle par l'épouse de Harris, dans un mouvement d'impatience... Smith refuse de recommencer la traduction; il continue où il était rendu et cela va donner le *Livre de Mormon*.

Le sacerdoce d'Aaron lui est conféré. Après 18 siècles, c'est le renouveau de l'authentique Église des Apôtres. Jusque là, on avait connu le règne de l'ignorance et de l'apostasie universelle, l'Église s'étant corrompue aux premiers siècles, particulièrement lors de son expansion sous Constantin.

Le mouvement une fois lancé connaîtra une aventure rocambolesque, du type «western». On est à l'époque des chercheurs d'or et se joindra rapidement à Smith un groupe d'exaltés, de visionnaires et d'aventuriers. Smith rétablira la polygamie du temps des Patriarches; il aura 17 épouses et son successeur, Brigham Young, 30 et 66 enfants. Après la mort de Smith, lynché en 1844, commencera la longue marche des Mormons au travers des États-Unis, jusqu'à Salt Lake City, Utah. Les 15,000 qui y parviendront, cultiveront la terre et construiront la ville. Ils fonderont cet état qui fera partie des États-Unis en 1894, avec alors une population de 118,000 Mormons.

C) Doctrine ou idéologie de fond

Pour Joseph Smith, la Parole de Dieu n'est pas exempte d'erreurs. Il va se charger de corriger la Bible de son propre chef. Trois nouveaux ouvrages viendront compléter la Révélation divine. La nouvelle Église sera gouvernée directement par Dieu à travers le canal du président-prophète; elle sera fondée sur les treize articles de la foi et dirigée depuis Salt Lake City, la nouvelle Jérusalem, la sainte Sion. Parmi ces articles, certains éléments ressortent:

a) Les trois personnes divines sont physiquement distinctes: elles ont des corps sensibles, puisque Smith les a vus en vision. Dieu le Père est né de la fusion de deux particules élémentaires et il habite une planète nommée «Colob».

b) Les anges sont des personnages qui sont ressuscités et qui existent maintenant en chair et en os. L'homme, d'ailleurs, existait avant la création du monde: c'est son péché qui l'a jeté sur la terre.

c) Le baptême ne doit être donné qu'aux adultes et par immersion.

D) Morale et culte

Ils confèrent le sacerdoce d'Aaron aux jeunes mâles de

race blanche de 12 ans et celui de Melchisedech, à partir de 18 ans. Il est possible ensuite de monter dans la hiérarchie. Ils communient au pain et à l'eau et misent sur l'intervention du Saint-Esprit pour des guérisons et pour le don de charismes.

Leur morale est réputée; elle a fait des Mormons le symbole de gens honnêtes, travailleurs, très attachés à leur famille qui est la valeur par excellence. On pratique un certain régime alimentaire: interdiction du tabac, du thé, du café, de l'alcool, des drogues. Les Mormons font preuve de beaucoup d'amabilité, ils ont le souci de l'hygiène et une grande estime pour les arts.

E) Autres caractéristiques

1. Ils pratiquent le baptême rétroactif pour les morts des générations passées, dans le but de leur assurer le salut éternel (on le fait à partir de micro-films des registres des baptêmes qu'on a recueillis dans les greffes et v.g., dans nos paroisses). On pratique aussi le mariage pour les morts.

2. À la fin des temps, les 12 tribus d'Israël seront à nouveau réunies à Salt Lake City. Dieu règnera alors sur son peuple pour une période de 1000 ans de paix, dans une sorte de paradis terrestre.

3. Ils ont un sens patriotique très aigu, car le Christ a visité les U.S.A. après sa mort. Ils cultivent le civisme et sont un peu racistes, puisque les noirs n'ont pas accès à leur sacerdoce.

F) Diffusion et organisation

Le président (actuellement Spencer Kimball) est assisté d'un collège de 12 apôtres, régulièrement élu. Le président est en communication directe avec Dieu qui lui dicte tout le détail de la vie des Mormons, jusqu'au prix auquel on doit vendre le *Livre de Mormon*.

Ils possèdent un sens missionnaire très efficace. Tous les jeunes hommes de 18 à 20 ans doivent consacrer une année ou deux à l'évangélisation, aux frais de leur famille. Plusieurs de ces jeunes «clean cut», polis et cravatés ont déjà quadrillé nos régions du Québec. On les remarque à leur gentillesse et à leurs efforts pour parler français.

Le mouvement compte plus de 4 millions d'adeptes, dont les 2/3 sont aux U.S.A. Ils sont répandus dans 75 pays et font dans le monde environ 100,000 nouveaux convertis par année. Grâce à la dîme payée par ses fidèles, le mouvement est fort riche. Il jouit d'une très haute considération chez les hommes politiques et les industriels américains. Par exemple, le milliardaire Howard Hughes faisait administrer ses biens uniquement par des Mormons, à cause de leur honnêteté légendaire.

Le public-cible qu'ils visent est constitué des croyants des autres dénominations qui ont besoin de sécurité face à la société actuelle et à ses bouleversements; ceux qui désirent une vie ordonnée et disciplinée et ne sont pas rebutés par un peu de sensationnalisme au niveau de leur foi, seront attirés par les Mormons.

G) Leurs publications

— Le *Livre de Mormon* qui contient l'histoire des diverses civilisations anciennes (entre 2200 avant J.C. et 420 après). On y trouve le récit curieux du ministère de Jésus auprès des Indiens d'Amérique, après sa crucifixion.

— Les écrits qui complètent la Bible, soit *La perle de grand prix* et les *Doctrines et Alliances*.

H) Questions à poser aux Mormons

Comment, en toute bonne foi, faire le lien entre la pratique actuelle et le récit farfelu des origines du mouvement (visions, correction de la Bible, rétablissement de la polygamie, communion au pain et à l'eau) où ont été introduits des éléments qu'on ne retrouve pas dans la Tradition chrétienne des premiers siècles de l'Église?

I) Références pour en savoir davantage

— Girault et Vernette, *op. cit.*, pages 266; 287; 382-85; 497-98.

— Alain Woodrow, *op. cit.*, pages 32-37.

— Dossier régional de Pastorale Rive-sud, *op. cit.*, pages 155-163.

— James, Marie-France, *Les Mormons, une secte typiquement américaine*, article de l'Informateur, 16 sept. 1984, page 12.

ARMÉE DU SALUT

A) Fondateur et origines

William Booth, un ancien méthodiste, fonda en 1878 un mouvement intitulé *La Mission Chrétienne* et destiné à soulager les démunis. Cet organisme caritatif se développa rapidement en Angleterre, puis dans les colonies. Il devint plus tard l'Armée du Salut.

B) Doctrine ou idéologie de fond

Elle se définit comme une Église réformée, dans la lignée

des grandes Églises protestantes. Elle partage avec elles les articles du Credo chrétien, formulé aux premiers siècles de l'Église catholique.

a) On croit en un Dieu en trois personnes: le Père créateur, le Fils rédempteur et l'Esprit Saint sanctificateur.

b) Jésus est considéré à la fois comme vrai Dieu et vrai homme; sa nature divine est unie à sa nature humaine. Par sa mort, il a réconcilié l'humanité pécheresse avec le Père. C'est par sa grâce que nous sommes sauvés. Nous sommes justifiés par la foi seule en Jésus Christ.

c) On croit à l'immortalité de l'âme, à la résurrection des corps, à la vie éternelle.

C) Morale et culte

On se réunit le dimanche pour une lecture de la Bible, avec prédication et chants choraux. Les ministres peuvent présider aux sacrements du baptême et du mariage. On célèbre aussi des funérailles.

D) Autres caractéristiques

1. Ce mouvement est destiné à soulager la misère physique et morale. On s'occupe des alcooliques, des prostitué(e)s et des déprimé(e)s. On crée des comptoirs de vêtements, des services alimentaires, des refuges pour clochards, des dortoirs publics. On finance ces œuvres par des quêtes publiques.

2. Ce mouvement n'est pas agressif, il ne fait ni propagande, ni prosélytisme. Il n'est pas fermé à l'œcuménisme, ce pourquoi il ressemble plus à une Église qu'à une secte.

E) Diffusion et organisation

On a adopté le style militaire, avec uniformes, grades, hiérarchies, fanfares. Les ministres ont le grade d'officiers; on trouve parmi eux beaucoup de femmes qui sont habilitées à célébrer les sacrements. On en trouve qui sont aumôniers ou agents d'accompagnement dans les prisons.

L'organisation qui a son siège à Londres, a comme directrice générale une descendante du fondateur. Au Canada, l'Armée du Salut compte plus de 120,000 membres et 2000 ministres. Peut en faire partie toute personne qui est chrétienne et qui accepte les articles du Credo, tout en désirant travailler pour les pauvres et les laissés-pour-compte. On recrute surtout des personnes qui éprouvent le besoin de se dévouer et qui ne trouvent pas dans leurs Églises les cadres appropriés pour le faire.

L'Armée du Salut est répandue dans plus de 70 pays et compte actuellement 2 millions de membres.

F) Références pour en savoir davantage

- Revue *Fêtes et Saisons*, «Les Sectes», 1975, page 292.
- Le Dossier régional de Pastorale Rive-sud, *op. cit.*, pages 111-116.

LES ÉGLISES ÉLECTRONIQUES

A) Fondateur et origines

On peut regrouper sous ce titre un certain nombre de cultes dispensés sur nos écrans de télévision ou sur les antennes radiophoniques. La plupart viennent des États-Unis où, entre autres, un canal diffuse 24 heures par jour de telles émissions, le Christian Broadcasting Network. On estime que ces groupes ont acheté en 1985 du temps d'antenne à la t.v. dans 200 stations locales et dans 1134 stations de radio, pour plus d'un milliard de dollars. Bon nombre de prédicateurs de sectes installées au Québec ont aussi leurs émissions sur nos écrans et dans les postes de radio.

Ces cultes pourraient être vus comme les produits du supermarché des religions qui s'offre à la demande des personnes qui éprouvent un certain vide spirituel aujourd'hui et qui cherchent des réponses simples aux problèmes familiaux et sociaux complexes dans lesquels ils sont plongés, sans désirer nécessairement s'impliquer pour transformer les structures de leurs milieux. En plein malaise économique ou en pleine vague matérialiste, on propose tantôt une Parole biblique, tantôt des exhortations au courage ou à la conversion, aux personnes qui ont perdu confiance dans les religions de substitution qu'avaient été pendant un temps le Confort, le Sexe, le Progrès matériel, etc... On soigne aussi beaucoup la présentation audio-visuelle des émissions, en offrant un choix d'animateurs ou prédicateurs-vedettes, de chanteurs et de musiciens de bonne qualité.

L'Église électronique satisfait au besoin d'entendre une certaine prédication qui rappelle la priorité des valeurs spirituelles et de la prière. Elle permet de faire entrer Dieu dans son foyer, d'espérer une intervention de sa part, sans passer par l'intermédiaire des institutions religieuses, des ministres ou des sacrements. Par son rappel des valeurs traditionnelles, elle est responsable aux U.S.A. de la formation de la «Moral Majority».

B) Doctrine ou idéologie de fond

Elles sont d'inspiration évangéliste, ce mouvement de réveil né à l'intérieur de l'anglicanisme, au milieu du XVIIIe siècle. Elles prêchent la Bible selon une interprétation souvent fondamentaliste ou en s'inspirant des principes de la psychologie élémentaire des relations humaines ou du marketing. Les groupes responsables de ces émissions offrent à leurs fidèles un certain accompagnement et un encadrement sous forme de publications, de disques/cassettes. On peut y faire prier également à ses intentions. Un service d'écoute téléphonique permet de recueillir les problèmes personnels des gens en difficulté et de les conseiller. Dans le cadre de l'émission «The 700 Club» (pentecôtiste), on évalue que 4500 bénévoles auraient répondu dans 60 centres de consultation à 4 millions d'appels en une année.

Les thèmes privilégiés par ces prédicateurs sont l'amour de Dieu, le salut par la foi, la puissance de la prière persévérante. Plusieurs proposent les valeurs du «Law and order» et font campagne contre l'avortement, le communisme, l'éducation sexuelle à l'école, l'émancipation des femmes, la théorie évolutionniste, le désarmement, etc...

C) Quelques caractéristiques

1. Elles s'offrent comme un produit de consommation religieuse, surtout quand la présentation prend la forme de variétés musicales. Elles se veulent un moyen facile et à la portée de tous/tes pour retrouver facilement une bonne conscience, de bons sentiments et même quelques larmes de repentir, surtout quand on s'est éloigné de Dieu et de la religion durant une longue période. Grâce à une pression sur le bouton de son téléviseur, on peut retrouver un peu de paix, d'intériorité, de courage («You can make it!»), un bon mouvement de repentance ou de la consolation à bon compte.

2. Ces cultes peuvent mériter le nom de «multinationales de la religion», car ils enregistrent des revenus énormes. On sollicite constamment les fidèles à envoyer des cotisations; la personne qui s'est exécutée un jour pourra recevoir par la suite un train de lettres demandant des contributions. Aux É.-U., en une seule année (1980), ces émissions ont rejoint 130 millions de spectateurs et ont généré des revenus de plus de 500$ millions.

D) Quelques exemples

— Les Crusades de Billy Graham, évangéliste, qui prêche lors de grands meetings l'urgence de la conversion. Il assure un certain suivi à ses croisades par des publications qu'on peut commander.

— Les « Gospel Hour » à l'ancienne mode, avec Jerry Falwell (il rejoint 5.6 millions de spectateurs par mois et recueille 100$ millions de revenus par année, voir *Time*, 17 février 1986, page 60).

— Les émissions du réseau CBN (Christian Broadcasting Network) de Pat Robertson qui dispose d'un satellite privé et diffuse dans plus de 50 postes de t.v. et 1000 postes de radio. Il atteint quotidiennement 16.3 millions de spectateurs.

— Le P.T.L. Club de Jim Bakker (Praise the Lord) pentecôtiste, qui diffuse dans plusieurs pays grâce à la location d'un satellite (100$ millions de revenus par année).

— Oral Roberts, un des ancêtres de ces présentateurs, l'homme aux miracles qui gère un hôpital de 777 lits et une université (120$ millions par année).

— Rex Humbard et le ministère de la famille modèle.

— Jimmy Swaggart, le prédicateur le plus « sexy » des ondes et le plus pathétique, qui attaque indifféremment le communisme, l'Église catholique et l'humanisme séculier. Il atteint chaque semaine 9.3 millions de personnes et recueille des revenus de 140$ millions.

— Robert Schuller, de l'Église réformée, un prédicateur de grande classe, qui diffuse à partir de la cathédrale de Cristal « The Hour of Power » (auditoire de 7.6 millions et revenus annuels de 40$ millions).

— David Mainse qui anime « 100 Huntley Street », à partir de Toronto, avec son pendant québécois, l'émission « Au centuple », animée par Pierre Hébert et Mario Massicotte, pentecôtistes.

— Gaston Jolin qui propose l'heure de la Bonne Nouvelle, d'inspiration évangéliste.

— Jacques Marcoux et Richard Toupin qui animent
l'émission «Es-tu prêt?» (baptistes évangéliques).

— Serge Cabana, un catholique/pentecôtiste qui, dans le
cadre de l'émission «Via Jésus», invite au dialogue entre frères chrétiens.

E) Questions à poser à ces groupes

En quoi ces émissions, malgré leur mérite et la valeur des
témoignages offerts, contribuent-elles à rassembler le Peuple de Dieu? Les gens ne risquent-ils pas de demeurer pas-
sifs et dispersés face au petit écran? On accentue alors le
caractère individualiste et privé de la pratique religieuse, que
les grandes Églises tentent aujourd'hui de secouer par des
appels répétés à la participation. Ces émissions ne répondent pas non plus aux besoins de fraternisation, de célébration communautaire et d'engagement, qui constituent la
vraie pratique chrétienne traditionnelle. Bâtir le Royaume
par la voie du spectaculaire et du «big business» ne va-t-il
pas à l'encontre de la consigne du Seigneur de n'apporter
«ni sac ni bâton» et de résister à la troisième tentation, celle
du prestige? N'y a-t-il pas danger aussi de «flirter» avec
certains pouvoirs politiques qui ne demandent pas mieux
qu'une privatisation du fait religieux et qu'une démobilisa-
tion des croyants face à leurs responsabilités sociales? Il est
significatif d'apprendre que Pat Robertson, qui gère le CBN
(233$ millions par année), a l'intention de se présenter à
la prochaine convention républicaine pour la présidence
américaine.

Il faut noter, pour ne pas être injuste, que certains de
ces groupes sont ouverts à une charité à plus longue portée
et s'occupent, avec les contributions recueillies, d'ouvrir des
centres de dépannage ou d'envoyer des vivres aux pays affli-
gés par la famine.

F) Références pour en savoir davantage

- La Revue *Actualité*, octobre 1981, pages 106 ss.
- Un dossier de la Revue de la Sûreté du Québec, 12ᵉ année, nᵒ 3, mars 1982, pages 9 à 24.
- La Revue *Time*, 17 février 1986, pages 54-65. La plupart des statistiques viennent de cette source.

LE PENTECÔTISME
OU LE MOUVEMENT DE PENTECÔTE

A) Fondateur et origines

Ce mouvement est apparu dans le contexte des «revivals» qui balisent l'histoire du christianisme, surtout dans les Églises issues de la réforme protestante. On connaît dans la même ligne les Quakers au XVIIᵉ siècle, les Méthodistes au XVIIIᵉ, qui secouèrent la ferveur des communautés installées dans la routine. Ces groupes reconnaissent comme leur seul fondateur l'Esprit de Jésus Christ. On peut par ailleurs affirmer que le pentecôtisme est le produit d'une fermentation spirituelle au cœur des Églises protestantes du début du XXᵉ siècle, aux U.S.A. et en Europe.

On sait qu'à Los Angeles, en 1906, un pasteur du nom de R.A. Torrey, directeur d'une école biblique ouverte à toutes les dénominations, présidait des réunions où l'on approfondissait, entre autres, le livre des Actes des Apôtres. Avec le temps, l'intense climat de prière de ces rencontres produira une floraison de charismes, surtout la glossolalie et les guérisons. On expérimentait ainsi une nouvelle Pentecôte et une nouvelle effusion de l'Esprit Saint pour notre temps. Le courant pentecôtiste se répandra comme une traînée de poudre aux États-Unis et en Europe, en Écosse plus spécialement, où les mêmes phénomènes se reproduisent, chez les Méthodistes et les Baptistes surtout. Les nouveaux adeptes, à cause de leur effervescence, seront rejetés de leurs Églises d'origine et s'organiseront en communautés autonomes.

Dans les années 50, un nouveau courant naît aux U.S.A. qui influencera le Renouveau charismatique dans l'Église catholique, à partir de rencontres dans les milieux universitaires. C'est en 1966 que des universitaires catholiques reçurent l'effusion de l'Esprit, par l'imposition des mains de frères et sœurs pentecôtistes. Le Renouveau reçut une approbation officielle du pape Paul VI, du fait de son désir d'évoluer en lien avec les cadres de l'Église officielle.

B) Doctrine ou idéologie de fond

On refuse dans le Pentecôtisme toute autre révélation que celle de la Bible. La Bible est le seul fondement de la foi, contrairement à certaines sectes qui disent avoir reçu des révélations particulières. On refuse également les spéculations de la théologie qu'on appelle moderniste. Le salut est acquis par la foi seule en Jésus Christ Sauveur.

Le principal ministère qui est exercé dans les assemblées est celui de l'enseignement, qui annonce le salut possible et invite à la conversion. On fait souvent du prosélytisme de caractère intransigeant, par des contacts personnels auprès des personnes en difficulté. Le baptême est donné aux seuls adultes et par immersion. On le refuse aux enfants, car il faut une démarche consciente et libre pour accueillir la foi. Ce baptême n'est pas ici non plus un sacrement qui donne la grâce, au sens des catholiques, mais seulement le signe extérieur que la foi est là, source d'une nouvelle naissance.

L'effusion de l'Esprit est une sorte de Pentecôte individuelle par laquelle les membres reçoivent les charismes qui leur sont appropriés: témoignage, glossolalie, ministère de la guérison. On pratique la sainte Cène qui est le signe extérieur de la communion des frères et sœurs en Jésus Christ. C'est l'expérience vivante de la présence de Jésus, mais qui n'est pas, disent-ils, dans les aliments. Il n'y a donc pas de présence réelle du Seigneur dans l'Eucharistie, mais une présence qui se manifeste chez les participants à travers l'obéissance de leur foi.

On croit également au retour prochain du Christ, mais on se garde bien de risquer des prédictions.

C) Morale et culte

On pratique une morale puritaine, une certaine austérité de vie, en particulier en matière de sexualité.

On perçoit la dîme des revenus des fidèles qui ne sont pas obligés, mais encouragés à donner.

D) Autres caractéristiques

1. Leur mot d'ordre est: Jésus sauve, Jésus revient, Jésus guérit!

2. La Parole de Dieu est la base de toute vérité, de quelque niveau soit-elle; elle contient tout ce qu'il faut pour vivre. On en fait une interprétation fondamentaliste. On refuse, par ex., l'évolutionnisme et on propose à la place que Dieu a créé directement toutes les espèces vivantes, l'être humain et l'univers en six jours.

E) Diffusion et organisation

On est opposé à toute organisation; on cultive la dimension courte de la charité, i.e., on aide les frères et sœurs qui sont dans le besoin. On rejette toute responsabilité au niveau de la transformation des structures sociales. Le renouveau individuel est le plus important. «Change ton cœur, tu changeras le monde» dit-on! Chaque communauté est responsable de son fonctionnement, décide par elle-même qui sera son pasteur et quelle sera son orientation, en toute autonomie. Même si le Pentecôtisme peut se rapprocher des Églises chrétiennes par sa foi au Dieu vivant et vrai qui s'est révélé en trois Personnes, il reste fermé au mouvement œcuménique.

Au Québec, le mouvement avait commencé assez tôt, mais il a connu un certain essor depuis 1970. Sur les 120,000 membres canadiens répartis en 1000 assemblées, on compte environ 120 modules francophones. Le centre le plus connu est le «Carrefour chrétien» de la ville de Québec, qui regroupe 600 fidèles réguliers (cf. *Second Regard*, Radio-Canada, 28 mars 1982). Les pentecôtistes ont également des écoles bibliques pour la formation aux ministères, telle la «Formation Timothée», qui comprend des études de quatre ans avec emphase sur la pratique. Ils ont fondé également deux écoles au Québec, une de niveau primaire et l'autre de niveau secondaire.

F) Leurs publications

Les pentecôtistes offrent une série de revues et de tracts dont les titres sont les suivants: *Viens et vois, La onzième heure, La promesse du Père, Le chemin qui mène à la vie, L'étoile du matin, L'Appel du Maître, Croire et servir, Le Réveil* (digest chrétien).

G) Questions à poser aux pentecôtistes

La construction du Royaume de Dieu est-elle réservée à notre seul progrès individuel ou au changement de nos cœurs? Est-ce que l'engagement dans les structures sociales ne fait pas partie aussi de la pratique chrétienne comme l'a souhaitée Jésus? Suffit-il d'attendre, en se contentant d'aider notre prochain immédiat, que Jésus revienne tout transformer à notre place, sans que nous ayons à bouger le petit doigt, pour faire advenir le Royaume?

H) Références pour en savoir davantage

— Richard Bergeron, *op. cit.*, pages 84-89.
— Le Dossier du Conseil de Pastorale Rive-sud, *op. cit.*, pages 251-256.

LES ADVENTISTES DU SEPTIÈME JOUR

A) Fondateur et origines

Ils furent fondés par William Miller (1782-1849), un baptiste américain qui se préoccupait de calculer à partir de la Bible, la date de la fin du monde. Il l'avait prédite déjà pour 1843 et 1844. La véritable organisatrice du mouvement fut en fait Ellen White, nommée «l'Esprit de prophétie». Dans une vision, elle avait redécouvert les livres de la Loi juive et remis en vigueur l'observance du sabbat. Elle va laisser neuf livres de révélations, inspirés de Dieu, selon son témoignage. En 1863, elle établit une Conférence générale et gouvernera le mouvement avec vigueur par des édits, jusqu'à sa mort en 1915.

B) Doctrine ou idéologie de fond

Les adventistes attendent patiemment le retour très prochain du Christ. Leur attente est millénariste, i.e., pour une période de 1000 ans de paix. Ils se désintéressent de la marche du monde, évitent la politique comme une activité mauvaise et s'enferment dans un monde idéaliste et utopique.

Ils ne croient pas en l'immortalité de l'âme; seuls seront recréés les justes à la fin des temps. On ne peut se damner éternellement, car les méchants seront anéantis à leur mort, de façon définitive. Au terme du millénium, il y aura jugement général et restauration universelle de tous les justes.

La Bible est la seule règle de la foi. Un rôle prépondérant est donné cependant à l'Esprit Saint, seul interprète des Écritures. Il peut cependant inspirer d'autres révélations, comme dans le cas d'Ellen White. Le baptême est donné par immersion aux seuls adultes; il ne fait que symboliser la mort au péché. La Cène ne représente également qu'une présence spirituelle du Christ.

Ils reconnaissent en tout chrétien un frère, mais ne croient pas que Jésus veuille l'unification des Églises. Leur morale est aussi très austère: ils conseillent le végétarisme et prohibent l'alcool, les excitants et le tabac.

C) Organisation et diffusion

La Conférence mondiale est à Washington; les autres paliers de gouvernement sont les Assemblées locales dirigées par les Anciens. Ils comptent $2^{1}/2$ millions de membres dans le monde, répartis dans 189 pays où travaillent 40,000 missionnaires. Ils dirigent de nombreuses cliniques de médecine naturelle.

D) Leurs publications

— *Vie et santé*, qui mène une lutte intensive pour la désintoxication des fumeurs (le fameux plan de cinq jours).

— La revue *Ministry* envoyée gratuitement à tous les pasteurs des autres dénominations et la revue *Signe des temps*.

E) Références pour en savoir davantage

— Girault et Vernette, *op. cit.*, pages 264, 481 et 484.

— Alain Woodrow, *op. cit.*, page 182.

— Le Dossier du Conseil de Pastorale Rive-Sud, *op. cit.*, pages 89-95.

L'ÉGLISE UNIVERSELLE DE DIEU

A) Fondateur et origines

Fondée par Herbert Armstrong, un Quaker né en 1892, à Des Moines, Iowa, sous l'influence des courants adventistes et des Témoins de Jéhovah. Vers 1930, Herbert Armstrong se révèle au monde comme le Prophète annoncé par Jésus Christ. Il avait reçu, dévoile-t-il, un appel de Dieu en 1926. Grâce à ses talents d'orateur, à son énergie de propagandiste et à ses connaissances des méthodes de promotion, il va donner naissance à une organisation qui créera un collège, l'Ambassador College, une revue *La pure vérité* et une émission de radio *The World Tomorrow*.

Le fondateur avait vécu à Portland, en Oregon, dans une grande pauvreté, suite à de multiples échecs financiers. Ordonné ministre chez les Adventistes où il était entré grâce à son épouse, il recevra la révélation que tout ce qu'il avait cru jusque-là était tout à fait erroné. Ces connaissances fausses disparaîtront pour faire place à la vraie foi en Jésus Christ lors de son nouveau baptême en 1927, lorsqu'il recevra le don suprême de l'Esprit Saint. Il découvrira alors que l'âme est mortelle, que le Saint Esprit n'est pas une personne et que Dieu n'est pas trinitaire, trois éléments de la doctrine des Témoins de Jéhovah. Il reviendra aussi à l'observance du sabbat et va prêcher l'abstinence de certains aliments impurs, ceux qu'interdit l'Ancien Testament. Il dénoncera également la doctrine du châtiment éternel et de l'enfer. Il cherchera à prédire à quelques reprises la date de la fin des temps. C'est dans ce contexte de retour à la lettre de la loi juive, qu'il annonce l'arrivée de la véritable Église universelle de Dieu. Son fils, Garner Ted Armstrong deviendra son bras droit dans la prédication de la nouvelle foi.

B) Doctrine ou idéologie de fond

Le fond de la doctrine de l'Église universelle de Dieu est

appelé «anglo-israélisme», soit une théorie selon laquelle l'Angleterre et les U.S.A. sont les descendants de tribus démantelées d'Israël après le règne du roi Salomon. À ce titre, ils sont les bénéficiaires de la promesse de Yahvé au Peuple élu. L'Angleterre est Éphraïm et les U.S.A. sont Manassé. D'ailleurs, l'origine étymologique des mots le prouve: le nom de ces races, tel British vient de Berit-Ish, qui veut dire en hébreu «homme de l'Alliance» et Saxon vient de Isaac-Son, fils d'Isaac. Les Anglo-Saxons sont donc les descendants d'Israël, ceux à qui les antiques promesses de la Bible faisaient référence.

On croit également à l'existence d'une triple résurrection: la première pour ceux qui sont morts dans le Christ. En attendant la seconde qui concerne ceux qui n'ont pas connu la vérité, les ressuscités logeront sur la terre, mais en tant qu'esprits. Ils pourront, comme le Christ, prendre une forme physique ou spirituelle à leur choix; ils seront alors immortels. Une troisième résurrection concerne finalement les irrécupérables qui seront recréés à la fin, puisqu'il n'y a pas d'enfer.

On interprète la Bible de façon fondamentaliste. Par exemple, Éphraïm, le plus jeune des fils de Jacob, devait devenir, selon Gn 49, 1, une multitude de nations et même un «commonwealth» (Gn 48, 19). Sa postérité était destinée à dominer la porte de ses ennemis, comme il est annoncé en Gn 22, 17. Or cette promesse vient de se réaliser après bientôt 4000 ans, car il s'agit en fait des portes de l'Atlantique, les îles Malouines que les Britanniques ont reconquises à l'Argentine (voir: *La pure vérité*, août 1982).

C) Autres caractéristiques

1. On rejette l'évolutionnisme et on professe que la description de la création que donne la Bible est scientifiquement exacte. Que Dieu ait fait l'homme avec de la glaise n'est pas une image poétique (voulant signifier que l'homme est aussi dépendant de Dieu que la glaise dans les mains du potier) mais réelle.

2. On appuie le capitalisme, le libéralisme économique, le mode de vie américain. Les deux nations élues devront cependant revenir à leur première vocation de constituer le Royaume de Dieu car elles auront affaire, si elles continuent à se pervertir, à un néo-nazisme créé par l'unification des deux Allemagnes.

3. On revient aux prescriptions de l'Ancien Testament dans le domaine de l'alimentation et de la sexualité.

4. Les ministres et les membres se réunissent le jour du sabbat, car on démontre que Jésus est ressuscité un samedi et non le premier jour de la semaine, le dimanche, comme l'ont cru les premières générations de chrétiens.

D) Organisation et diffusion

On se recrute grâce surtout à la revue *La pure vérité,* très attrayante, qui est diffusée gratuitement pour les personnes qui adhèrent au message chrétien. A première vue on n'y voit rien qui contredise les convictions chrétiennes universelles. La doctrine cependant n'y est pas toute donnée; elle est complétée par des brochures et des cours par correspondance que l'on peut commander. Ces cours, dont des initiations à la Bible, sont publiés par l'Ambassador College, à Pasadena en Californie. À noter que ce collège n'est pas reconnu comme université par le gouvernement américain. Les revues *The Good News* et *The World Wide News* diffusent à un public choisi la doctrine de fond du mouvement.

L'Église universelle de Dieu compterait actuellement dans le monde près de 80,000 membres, soit uniquement des adultes baptisés.

Le mouvement aurait enregistré en 1984 des entrées financières de 130 millions de dollars, venant de la dîme payée par les fidèles et des contributions des lecteurs.

E) Questions à poser au mouvement

Comment peut-on concilier la conduite du prophète Armstrong avec sa prédication, puisqu'il mène un style de vie princier et qu'il a divorcé à plusieurs reprises? Une accusation d'inceste avec une de ses filles pèse actuellement contre lui. Il semble que son fils Garner Ted n'ait pas lui non plus une vie très exemplaire, comme le dénoncent un certain nombre d'anciens collaborateurs du fondateur.

F) Références pour en savoir davantage

— Girault et Vernette, *op. cit.*, page 496.

— Richard Bergeron, *op. cit.*, pages 80-81.

— Le Dossier du Conseil de Pastorale Rive-sud, *op. cit.*, pages 195-202.

— Marie-France James, La *Pure vérité* des supermarchés, l'Informateur, 11 août 1985, page 13.

LES ENFANTS DE DIEU
OU LA FAMILLE D'AMOUR

Il s'agit de la partie radicale du mouvement Jésus né dans le creux de la vague hippie, à la fin des années 60, en Californie. Le groupe est le produit de la fusion de deux mouvements de jeunes, réunis en 1969: Teens for Christ et Revolutionaries for Jesus.

A) Fondateur et origines

Un ex-pasteur méthodiste, David Berg, qui se fait appeler aussi Moïse ou le roi David, regroupe des jeunes qui sont en plein désarroi et qui souvent ont quitté leurs familles pour voir du pays. Il va fonder une secte qui en a toutes les caractéristiques extrêmes: intolérance envers les institutions existantes, intransigeance dans le don de soi et agressivité. L'organisation sera très structurée, encadrée par une hiérarchie pyramidale. L'épouse de Berg, par exemple, se fera appeler la mère Ève et leurs quatre enfants seront promus évêques.

B) Doctrine ou idéologie de fond

La seule révolution qui changera le monde est la conversion du cœur et elle est l'œuvre de l'Esprit de Jésus. On refuse à l'être humain toute prise sur le déroulement de l'histoire. Les tiraillements au sein de la société sont bien secondaires par rapport à la grande lutte qui se joue entre le Bien et le Mal. On est pessimiste sur le sort du monde: les forces du mal sont à l'œuvre et bien incarnées dans les institutions comme l'État et la famille. On est profondément idéaliste sur l'avenir: après une catastrophe finale qui purifiera la terre (une guerre nucléaire), le champ sera libre pour la construction d'une société parfaite qui se fera sous la direction des survivants, les Enfants de Dieu. On développe dans le groupe un fort sentiment d'élitisme: on est les héritiers de l'avenir.

Le mouvement est basé sur la vie communautaire où règne une organisation très stricte. L'atmosphère y est marquée par le rejet des valeurs matérielles, de la vie intellectuelle, par une interprétation littérale de la Bible. On est anti-communiste et anti-sioniste.

C) Autres caractéristiques

1. Dans les communautés d'une dizaine de membres, on est soumis à une mise en condition psychologique faite de privations tantôt physiques (nourriture, sommeil), tantôt morales (rejet, critiques, accusations) qui aboutit à une dépendance complète envers le groupe et à une rupture cor-

respondante avec les familles d'origine, qui sont considérées comme des lieux pourris. On abandonne tous ses biens
au profit de l'organisation. On met de côté toute analyse
personnelle: le don total de soi devient une soumission
aveugle au Prophète qui communique avec les communautés par l'intermédiaire de missives appelées «lettres de MO».

2. Les nouveaux membres deviennent des brebis et on
les nomme «bébés»; ils sont soumis à un plan d'endoctrinement très sophistiqué, qui comporte des cours de base
sur les relations avec le monde (il faut se démobiliser, renon-
cer au travail et à l'école, quitter sa famille, tous ses amis
et ses biens). On y apprend aussi l'obéissance stricte aux
chefs, en toutes circonstances et sans discussion. Le plan
financier des Enfants de Dieu: mettre tout en commun, à
l'instar des premiers chrétiens, comme nous le rapportent
les Actes des Apôtres, aux chapitres 1 à 5.

3. On croit que la science et la connaissance sont des œuvres du Diable. À la place, il faut étudier chaque jour les
consignes du Berger, qui couvrent toute la vie des adeptes.
À la longue, ce régime produit une dépersonnalisation des
membres, une perte d'identité et de lucidité.

D) Morale et culte

Le Berger favorise une morale sexuelle élargie sous prétexte de libération. Les filles sont invitées à se prostituer pour
amener de nouveaux adeptes. On pratique la technique du
«regard d'amour» pour séduire les intéressés, faire tomber
leurs défenses naturelles ou leur jugement critique.

E) Organisation et diffusion

Le modèle de vie est la commune agricole, celle qui sur-
vivra à la guerre mondiale. C'est par elle que Dieu renou-
vellera la face de la terre. Tous les problèmes en seront disparus et la bonne entente règnera entre les peuples, rede-

venus cultivateurs, pour une période de 1000 ans. Dans les communes existantes, la vie est très affectueuse mais peu stable; on change de lieu tous les six mois et on change de nom pour dérouter les recherches des parents. Quelqu'un qui veut quitter sans l'accord des chefs, risque des sanctions très sévères. Certaines enquêtes ont déjà révélé qu'il y avait eu des punitions de mort (cf. Alain Woodrow).

Il reste beaucoup d'ambiguïtés concernant les buts financiers de l'entreprise. Les montants en argent, voitures et autres biens donnés à la secte ou soutirés aux parents, sont impossibles à déterminer; des membres y ont légué des milliers de dollars. Quand ceux-ci quittent, ils ne peuvent rien emporter. Il faut compter aussi les ventes de tracts sur les trottoirs: une seule communauté peut ainsi aller chercher pour plus de 2000$ par semaine. Il y a enfin les collectes de nourriture qui se font sous de faux prétextes et de faux noms.

Enregistré comme corporation à but non lucratif, le groupe s'est vu refuser l'exemption des impôts en 1972, aux U.S.A.

Près de 6000 jeunes dans 50 pays auraient adhéré au mouvement. Ils vivent dans 150 communes. Berg et sa famille ont été obligés de quitter les États-Unis à la suite d'une interdiction de séjour; il vit quelque part en Europe. Pendant ce temps le recrutement continue. On détecte un jeune qui semble perdu, dans une gare ou sur les places des grandes villes, il est recueilli dans les communes où il est reçu comme un roi, puis embrigadé. Il participera aux tours de chant, aux quêtes, à l'évangélisation dans les rues, les cafés, le métro. Il vendra pour se faire quelques sous les feuillets qui, sous forme de bandes dessinées, proposent l'idéologie de la secte.

F) Références pour en savoir davantage

— Alain Woodrow, *op. cit.*, pages 91-98, 179.

— Revue *Historia*, n° 382 bis, 1978.

— Revue *Fêtes et Saisons*, n° 305, mai 1976.

— Girault et Vernette, *op. cit.*, pages 311-12; 362-64; 375-377; 489-490.

— J.-P. Gosselin et Denis Monière, *Le Trust de la foi*, éd. Québec-Amérique, 1978, pages 41-68.

L'ÉQUIPE DES JEUNES CATHOLIQUES À L'OEUVRE

A) Fondateur et origines

Cette équipe fut fondée en 1973 par Jacques Paquette. Le nom de Guy Corcoran y est associé comme coauteur des publications du fondateur. Il n'est peut-être qu'un autre nom de plume de l'auteur, comme celui de Jacob Easter est son nom de politicien. Au départ, le mouvement s'inscrit dans la lignée des évangélistes américains et prend une allure intégriste. Avec le temps, suite aux refus essuyés de la part des évêques et des pasteurs des paroisses de les laisser prêcher dans leurs églises, les «jeunes catholiques» deviennent farouchement opposés à l'Église catholique, qu'ils présentent comme la grande prostituée de l'Apocalypse et ne cessent d'attaquer, du moins verbalement. Le titre de «catholique» devient alors un prête-nom destiné à faire tomber les barrières et à favoriser l'accès au porte-à-porte, pour la vente des ouvrages du fondateur.

B) Doctrine ou idéologie de fond

On est fondamentaliste comme dans les sectes américaines; c'est la lecture matérielle de la Bible qui sauve par elle-même. Le fondateur fait preuve dans ses publications d'un concordisme étriqué, en particulier dans ses commentaires de l'Apocalypse, où certains énoncés (voir note 31) ressemblent plus à un délire engendré par l'angoisse d'une fin violente du monde.

On y prêche le désengagement vis-à-vis toutes les Églises et les institutions, de même que la lutte contre le communisme et le crime organisé. La vision de l'homme et de sa destinée est très pessimiste; face aux malheurs du temps présent reste la foi comme recours de salut individualiste, chacun devant se débrouiller par soi-même et n'étant pas soutenu par le vécu d'une communauté confessante.

C) Autres caractéristiques

1. On y prédit la fin du monde pour les alentours de 1995.

2. On fait circuler des tracts diffamatoires contre l'Église catholique et des équivoques sur la conduite des papes et du clergé. Par exemple, on y entend que manger des hosties est un rite absurde et que la papauté est une erreur grossière, etc...

3. Aux élections québécoises de 1985, on a présenté des candidats dans bon nombre de districts électoraux, sous la bannière du socialisme chrétien et voulant s'attaquer au crime organisé (trafic de la drogue).

D) Morale et culte

1. On considère les sacrements et le culte comme non nécessaires.

2. La morale est extérieurement rigide; on y traîne une conception culpabilisante de la faute et la peur face à la fin du monde imminente. Il n'est pas impossible que le cadre de la secte ait servi de couverture pour des activités moins reluisantes; sous prétexte de vouloir désintoxiquer les drogués, on y fait un large usage des drogues douces et de l'alcoolisme (centres Nouvel Horizon).

E) Diffusion et organisation

Le groupe a séjourné dans diverses régions du Québec. Il a fait le tour de plusieurs paroisses où il lui fut autorisé, au départ, de prêcher et de faire des collectes. Depuis la tournure plus vindicative des esprits et la clarification de ses objectifs véritables, les jeunes adeptes de la secte recueillent surtout leurs fonds par la vente des livres et brochures du fondateur. Le nombre des membres actifs serait assez peu considérable: il varierait entre 70 et 100.

F) Publications de Jacques Paquette

— L'Apocalypse de saint Jean, les Sept Sceaux.

— Nourritures spirituelles.

— Le vrai visage de Jésus Christ.

— Apocalypse, prophéties de la fin des temps (l'ouvrage le plus important).

G) Références pour en savoir davantage

— *Feuillet d'informations du Cefop*, Valleyfield, 28 avril 1982.

— Gordon Pigeon, *L'équipe des Jeunes Catholiques à l'œuvre, vraiment catholique?*, l'Informateur, 5 mai 1985.

— Le Dossier du Conseil de Pastorale Rive-sud, *op. cit.*, pages 205-208.

L'ASSOCIATION POUR L'UNIFICATION DU CHRISTIANISME MONDIAL (AUCM) OU MOONISME

A) Fondateur et origines

Sun Myung Moon (soleil brillant et lune) né en Corée en 1920, de foi presbytérienne, va donner naissance à un mouvement, qui est un mélange de fondamentalisme biblique et de philosophie orientale et qui prétend rétablir sur terre la famille parfaite de Jésus Christ, celle qu'il n'a pas réussi à fonder, puisqu'on l'a mis en croix.

Pour le confirmer dans sa mission, le Christ serait apparu à S.M. Moon en 1936, lui demandant de compléter sa mission manquée. Moon commencera à prêcher un messianisme coréen; il sera arrêté et torturé par les communistes en 1950. Il avait passé auparavant six mois dans une communauté religieuse pour étudier les principes d'un messie coréen, Paik Moon Kim, qu'il reprendra dans ses écrits. Il est libéré par les américains à la fin de la guerre de Corée; il fonde son église en 1954 et réussira à implanter sa doctrine en Occident, en 1973.

S.M. Moon se propose comme le nouveau Messie que le monde attend. Selon un calcul de dates qu'il tire de la Bible, il est lui-même le Seigneur du Second Avènement ou le troisième Adam.

B) Doctrine ou idéologie de fond

Le but que vise Moon est de réunifier toutes les religions et d'instaurer définitivement le Royaume du Christ sur la terre, après avoir mené les bons à la victoire sur le Mal, incarné principalement dans le communisme athée. Jésus devait durant sa vie trouver une femme parfaite pour engendrer l'humanité nouvelle. Comme ce projet ne s'est pas réalisé, Moon recevra à Pâques 1936, de la bouche même de

Dieu, la mission de le reprendre. Après plusieurs mariages, il épouse une étudiante de 16 ans, la nouvelle Ève et consomme ce qu'il appelle les Noces de l'Agneau, en référence à l'Apocalypse.

La famille fondée par Moon est présumée parfaite, le modèle de toutes les familles. Les cellules moonistes sont en fait des prisons totalitaires et le mouvement est essentiellement politique. Le troisième Adam ne veut rien d'autres que d'éliminer le communisme, suite à une guerre mondiale.

C) Autres caractéristiques

1. Les U.S.A. selon Moon sont la Nation Sainte, le peuple élu pour assurer la liberté au monde face à la menace communiste. La prospérité matérielle qui y règne est un signe de la bénédiction divine.

2. Moon a aussi des prétentions scientifiques. Il utilise la science des chiffres pour découvrir la venue des événements prédits dans la Bible, dont l'arrivée du second Messie en 1920, date de sa naissance. Il convoque à grands frais des congrès de savants et propose des théories sur la formation de l'atome et sur l'origine de l'homme, toutes aussi farfelues les unes que les autres.

3. Il recrute des jeunes de la classe moyenne qui souffrent de détresse ou de solitude, qui se sont révoltés contre la société. Au départ, l'accueil dans les communautés est chaleureux; tout y est anonyme, on ne mentionne pas le nom du fondateur. Ensuite viendra l'endoctrinement intensif. Ces jeunes en finissent par ne plus penser, abdiquent toute identité propre au profit du Cerveau. Ils deviennent souvent régressifs et totalement dépendants. Moon cherche à constituer dans les pays d'Occident une véritable armée de recruteurs, qui travaillent selon des techniques de marketing éprouvées.

4. Pour affaiblir la résistance des membres qui sont emmenés dans les communes, on n'hésite pas à utiliser des pressions morales et des privations physiques (la nourriture est réduite à un peu de riz chaque jour et le sommeil, à quelques heures). On arrive à inculquer, au sujet de l'abandon de tout sentiment, le mépris des connaissances autres que celles prônées par le Chef et le culte de la personnalité divine incarnée en lui.

D) Diffusion et organisation

Les groupes sont fortement structurés; chaque famille est dirigée par un chef, ainsi que l'organisation locale de chaque pays. Les nouveaux adeptes ont un père et une mère spirituels. Ils doivent travailler au profit de la secte, mendier la nourriture, vendre des breloques sur la rue. D'autres travaillent dans les usines que possède Moon en Corée. Ils peuvent être envoyés comme missionnaires à l'étranger. Durant tout ce temps, ils mènent une vie disciplinée et ascétique. Leur Père spirituel organise même leurs mariages, au cours de célébrations monstres.

On s'interroge sur la provenance des richesses amassées au bénéfice des têtes dirigeantes, au prix du dépouillement et du travail personnel des jeunes fidèles. On sait que S.M. Moon est milliardaire; il possède de très grandes propriétés aux États-Unis où il a été emprisonné pour évasion fiscale, plus de 100 000$ ayant été cachés à l'impôt. On dit qu'il est également le distributeur exclusif du ginseng dans le monde et qu'il opère des usines d'armements légers en Corée; en fait, il dirige un empire financier qui couvre la planète.

Il est difficile de préciser le nombre d'adeptes qui sont recrutés parmi les jeunes sans emploi, en rupture avec leurs familles ou qui sont en voyage à l'étranger et sans ressources. On parle d'un ou deux millions, dont 400 000 en Corée, 50 000 au Japon et 30 000 aux États-Unis.

E) Publications

S.M. Moon a rédigé sa doctrine dans un manuel qui s'intitule *Les principes divins*. Il y a aussi une revue *Le nouvel espoir*.

F) Références pour en savoir davantage

— Girault et Vernette, *op. cit.*, pages 364-365; 475; 497.

— Alain Woodrow, *op. cit.*, pages 37-45; 89-91; 136-137.

— Gosselin et Monière, *op. cit.*, pages 131-149.

Chapitre VI

IL ÉTAIT UNE FOIS... LA GNOSE

Une vieille légende hindoue raconte qu'il y eut un temps où les hommes étaient des dieux. Mais ils abusèrent tellement de leur divinité que Brahma, le maître des dieux, décida de leur ôter le pouvoir divin et de le cacher à un endroit où... il leur sera impossible de le retrouver. Le grand problème fut donc de lui trouver une cachette.

Lorsque les dieux mineurs furent convoqués à un conseil pour résoudre ce problème, ils proposèrent ceci:

«Enterrons la divinité de l'homme dans la terre.» Mais Brahma répondit: *«Non, cela ne suffit pas, car l'homme creusera et la trouvera.»* Alors les dieux répliquèrent: *«Dans ce cas, jetons la divinité dans le plus profond des océans.»* Mais Brahma répondit à nouveau: *«Non, car tôt ou tard, l'homme explorera les profondeurs de tous les océans et il est certain qu'un jour, il la trouvera et la remontera à la surface.»*

Alors les dieux mineurs conclurent: *«Nous ne savons pas où cacher la divinité de l'homme car il semble ne pas exister sur terre ou dans la mer d'endroit que l'homme ne puisse atteindre un jour.»* Alors Brahma dit: *«Voici ce que nous ferons de la divinité de l'homme. Nous la cacherons au plus profond de LUI-MÊME, car c'est le seul endroit... où il ne pensera pas à aller la chercher.»*

Depuis ce temps, conclut la légende, l'homme a fait le tour de la terre, il a exploré, escaladé, plongé, creusé à la recherche de quelque chose... qui se trouve en lui.

Un autre univers

Cette courte légende d'inspiration hindouiste, dans laquelle on retrouve certains thèmes chers à la gnose, veut marquer ici une borne: nous allons passer maintenant du monde de la secte à celui de la gnose, deux univers différents et même opposés comme le jour et la nuit, deux attitudes religieuses situées aux extrémités de la gamme des voies spirituelles. Voyons-en, grosso modo, quelques articulations et apprécions comment elles diffèrent.

La secte évolue sous tension, avons-nous dit, car pour elle le temps est court, la fin arrive à grands pas. En empruntant les paroles de saint Paul, elle avertit: «Ouvrez l'œil, soyez aux aguets, réveillez-vous, car le temps du salut est tout proche.» De son côté, la gnose cultive plutôt la détente. «Fermez l'œil, dit-elle, ouvrez les oreilles, écoutez ce qui se passe au fond de vous-mêmes. Vous avez beaucoup de temps devant vous; si vous ne réussissez pas votre démarche de salut durant le présent cycle de vie, vous vous reprendrez dans un autre.» La secte met toutes ses énergies à discerner le bien du mal, à séparer le bon grain de l'ivraie, à purifier le monde par le feu de la Parole, à rappeler que la cognée est déjà enfoncée à la base de l'arbre, comme le prêchait Jean-le-Baptiste. La gnose pour sa part, en faisant mentir le proverbe qui dit que trop de cuisiniers gâtent la sauce, accueille toute personne sans discrimination, croyants ou incroyants, pratiquants d'une religion ou non, à venir faire un bout de chemin avec elle, à insérer son expérience au sein d'une vaste démarche d'intériorisation. Tout se mêle ici, sans souci de distinction, dans une atmosphère de philanthropie, de coude à coude, de syncrétisme spirituel. La figure évangélique que l'on pourrait évoquer ici est l'autre Jean, le mystique, qui écrivait que celui qui aime connaît Dieu: «Dieu, vous le connaissez, parce qu'il demeure en vous.»

Se distingue aussi la manière d'accéder de part et d'autre au salut. Dans la secte on y parvient par la foi pure, ce cri désespéré vers Dieu de la personne à qui on aura eu soin de révéler l'état de déchéance extrême où la retient son péché. Avec crainte et tremblement, le sectaire mettra toutes ses énergies à mener une vie séparée du monde, pour être digne de la réponse reçue du Très-Haut. La gnose, quant à elle, ignore jusqu'à la notion de péché; il n'y a pour elle qu'un malheur, celui de l'ignorance des hommes sur leur véritable situation, celle d'exilés du Royaume de l'Esprit. Le remède qu'elle préconise c'est la connaissance fondamentale du Soi, le fond divin qui tapisse les profondeurs du psychisme humain et de l'univers auquel il participe, grâce aux techniques qui permettent de s'y relier. La secte progresse en mettant ses pas derrière ceux du prophète dans son escalade jusqu'à la pureté du Dieu Saint; elle conserve constamment une attitude polémique contre les forces du vertige, celles du monde et de ses artifices qui peuvent toujours faire chuter. La gnose ne met pas tant de garde-fous; elle préfère laisser ses fervents à leur démarche personnelle vers l'intériorité, en consentant de les faire accompagner par le gourou qui ne sera qu'un guide vers leur centre profond. Là, tous les visages menaçants du temps (contradictions, oppositions, souffrances, mort, etc...) seront exorcisés ou euphémisés, tous leurs angles seront adoucis, car ils se révéleront être des aspects d'un même visage divin, identiques en tous.

Avec ce chapitre, nous changeons donc de paysage; nous passons de la lumière aveuglante du plein jour aux lueurs de la nuit, mais non pas des ténèbres, puisque la nuit gnostique possède sa luminosité propre, celle de la sagesse, de la beauté, de la paix, de l'absolu enfin dévoilé. C'est dans cette nuit mystique que tout fusionne: couleurs, parfums, musiques. On n'y entend plus le cri aigre du veilleur ou la parole menaçante du prophète, mais le chant ravi des pèlerins vers la profondeur. Nous allons essayer maintenant d'entrer plus avant dans cet univers, pour mieux comprendre l'esprit qui anime, à quelque nuance près, plus d'une centaine de groupes religieux qui évoluent chez nous et que nous avons classés sous l'enseigne gnostique.

Le croyant dit: «Je crois»... le gnostique: «Je sais!»

Le mot «gnose» qu'on préférait laisser, encore hier, à l'usage des spécialistes en histoire ou en philosophie, a fait grimacer plus d'un étudiant qui y voyait une sorte de meuble d'époque, qu'on acceptait de dépoussiérer à seules fins d'érudition. Cette doctrine constituée d'un enseignement secret qui proposait une voie vers la perfection qui n'était pas celle de la foi mais de la connaissance et qui se voulait une démarche supérieure aux autres savoirs donnant accès, à ses initiés, à des réalités mystérieuses, non évidentes à la raison pure... voilà un baratin qui laissait bien froids des esprits tournés vers la conquête de la méthode scientifique et des rudiments de la technique. On était bien loin de s'attendre, il y a une vingtaine d'années, à ce que cette réalité antique et exotique reprenne son droit de cité, un jour, dans nos milieux.

En fait la gnose est un mode de connaissance qui avait fleuri depuis longtemps dans les anciennes cultures, celles de l'Orient et de l'Asie, mais aussi celles du bassin de la Méditerranée, au début de notre ère. Après sa mise à l'écart en Occident, sous l'influence du rationalisme qui s'était accaparé de toute la sphère du savoir humain, sa présence soudaine sous nos latitudes a de quoi surprendre. Elle est en fait le résultat de l'influence, favorisée à notre époque par les médias de communication, de la pensée indienne et des philosophies orientales sur l'Occident.

Cette infiltration s'était produite à bien d'autres reprises au cours de l'histoire: citons les suites des guerres médiques et des conquêtes d'Alexandre le Grand, qui l'avaient apportée en Grèce. La philosophie de Platon comme celle, avant lui, de Pythagore, d'Héraclite et de Parménide, en avaient été fortement teintées. À l'idée d'un Dieu qui est au-dessus du monde, tel le Premier Moteur immobile d'Aristote, source de tout mouvement, se substituait celle d'un divin qui est intimement mêlé à toutes choses. Une même énergie était vue à la racine de tout le réel et cette substance était à la fois vie, conscience et esprit. Toute l'initiative de la vie humaine, dans cette perspective, consistait non plus à rendre l'homme conforme aux différents codes d'éthique qui façonnaient le bon citoyen ou l'homme religieux, mais plutôt — pour l'individu — à retrouver par ses propres forces la présence du divin en soi, d'établir le contact avec sa véritable nature, source de tout le Bien, de toute la Beauté, de toute la Vérité et de toute la Justice. Alors que l'être humain est fondamentalement tissé de la présence de ces réalités idéales, le mal et l'erreur deviennent l'attachement au monde matériel qu'on prend pour la réalité ultime ou le désir de faire de l'environnement social ou politique son véritable chez soi. Selon un des principes de la gnose, la loi du karma, plus on s'attache au matériel, plus il faudra de temps pour s'en désengager. Le but de l'existence s'identifie maintenant à un long périple vers la source, dans la mise en exercice de toute activité intérieure qui permet de se fondre, au terme du plus petit nombre de réincarnations possible (la roue du «samsara» qui dit qu'à toute mort suit inexorablement une naissance, et qui est une autre loi de la gnose) dans le Mental cosmique et universel, d'où l'on est issu comme l'étincelle l'est du brasier.

Une philosophie connue des premiers chrétiens

Ces courants de spiritualité baignaient les rives où les premières communautés chrétiennes ont envoyé leurs missionnaires, aux premiers siècles, tant autour de la Méditerranée que dans les contrées d'Europe. La Bonne Nouvelle de l'Évangile se comprend mieux d'ailleurs, de même que l'impact qu'elle a provoqué, si on la replace sur ce fond de scène. Les disciples de cet homme crucifié que Dieu avait ressuscité, montraient que celui dont Jésus leur avait manifesté le visage n'était ni un principe abstrait comme le Dieu des Grecs, ni une entité impersonnelle comme le divin des gnoses, mais Quelqu'un de personnel, qui veut se faire appeler du nom de Père. Grâce à ce Jésus dont toute la vie avait été un acte de fidélité au Père, la roue des naissances et des morts était enfin brisée. L'être humain pourra désormais échapper aux cycles cosmiques dans lesquels il s'était emprisonné, sans devoir compter uniquement sur ses propres ressources pour gagner son salut. Il est dorénavant possible de ressusciter comme Jésus, d'être relevé du monde des morts, grâce à la bonté gracieuse d'un Dieu qui nous aime, qui pardonne les péchés et devant qui nous sommes des êtres uniques, ses fils et ses filles. La Bonne Nouvelle qui est à l'origine du christianisme et qui a été perçue comme une annonce inespérée de délivrance, attaquait les bases mêmes des courants gnostiques ambiants.

Notons que l'influence de la gnose sur l'Église se manifestera de nouveau vers les années 250 à 300 de notre ère, une période qui ressemble beaucoup à la nôtre. La civilisation romaine avait connu alors son apogée; les nombreuses conquêtes militaires avaient fait beaucoup de riches qui commençaient à mépriser leur propre abondance: jeux du cirque, soucis prioritaires pour le confort et la bonne forme physique, etc... La saturation du bien-être matériel donnait le goût pour autre chose. De nombreux exploités peuplaient aussi les villes: esclaves, déracinés, immigrés de force, suite aux transferts des populations vaincues. Va apparaître à cette époque une flambée d'intérêt pour les religions venues d'Orient, qui se présentaient comme des moyens de fuir la réalité matérielle vers d'autres dimensions du réel. Le christianisme profitera en grande partie de cet élan vers le spirituel: de religion minoritaire et persécutée, il deviendra un culte de masse avec l'époque de Constantin.

Les grands centres comme Rome, Antioche, Carthage et Alexandrie commenceront à bouillonner, sous l'effet des cultes à mystères. Un retour à la philosophie antique, incarnée principalement dans la pensée de Plotin, proposera une approche mystique de l'homme et de l'univers. Les dernières paroles de ce philosophe témoignent de son esprit gnostique; «Je m'efforce, disait-il, de faire que le divin qui est en nous, rejoigne le divin qui est dans l'univers.» Cette philosophie influencera la foi chrétienne qui prend alors de l'ampleur[35]. On essayera de faire des synthèses entre les idées chrétiennes qui parlaient de l'esprit et de l'au-delà, et les idées gnostiques. C'est dans ce contexte que la théologie chrétienne connaîtra un essor inégalé. Les Pères de l'Église exprimeront dans les mots et les concepts de l'époque la foi traditionnelle reçue des Apôtres, pour la préserver des déformations possibles. Ils manifesteront que la foi chrétienne n'est pas seulement une adhésion du cœur au message du salut mais qu'elle est aussi une connaissance. «La foi cherche son intelligence» disait le principe qui les dirigeait; il est possible de scruter le donné révélé pour en montrer toute la profondeur et la crédibilité, en conservant comme guide la lumière de la foi. Commencèrent à se constituer les grands Credo qui seront les phares directeurs de la recherche théologique. Ainsi, des doctrines qui ne seraient que des constructions humaines seront plus facilement écartées. C'est dans un tel climat antagoniste que de grands théologiens, tels Irénée de Lyon, Clément d'Alexandrie, Origène et saint Augustin, dont certains avaient fait un séjour chez elles, attaqueront les gnoses comme autant de courants étrangers à l'inspiration fondamentale du christianisme. À titre d'exemple, dans un ouvrage intitulé le «Panarion» ou le «panier de crabes», saint Épiphane (315-403) énumérera une soixantaine de groupes gnostiques qui seront les principaux adversaires de l'Église de cette époque.

Il faudrait citer aussi toute cette littérature dite «apocryphe» qui circulait également, dans laquelle l'Église avait tranché, à la fin du second siècle, en partageant les livres dans lesquels elle reconnaissait l'authentique message du Christ, de ceux qui cultivaient le merveilleux ou l'ésotérisme. On appelle «canon» (d'un mot grec qui désignait les bouts de roseaux dont on se servait comme règles à mesurer) cette liste d'ouvrages inspirés, dans laquelle les premiers chrétiens retrouvaient les principes et fondements de la vie inspirée par l'Esprit Saint. Les livres écartés étaient ceux qui alimentaient en partie les courants gnostiques[36]. L'Église acceptait de se regarder comme dans un miroir dans les soixante-treize livres inspirés qui constituent la Bible; les autres, qui présentaient un christianisme frelaté et non conforme à la Parole du Maître, elle s'efforçait de les écarter de l'usage de ses fidèles.

Des résurgences de la gnose au cours de l'histoire

Ainsi, lors de la perte d'intérêt pour les valeurs ambiantes d'une culture et lors de bouleversements culturels, il est arrivé que les spiritualités orientales viennent combler, pour un temps, les vides laissés par les environnements remis en question; les courants gnostiques ont eu tendance alors à déteindre sur les modes de penser et sur la religion d'Occident. Ce fut le cas également au Moyen Âge, avec le regain de faveur des sciences anciennes comme l'alchimie, l'astrologie et la kabbale. Aujourd'hui, le contact entre les cultures étant facilité puisque la planète se rétrécit sous l'effet des communications électroniques, ne fallait-il pas s'attendre à ce qu'une telle influence se manifeste de nouveau? Déjà à la fin du siècle dernier, des expéditions ethnologiques favorisées par les conquêtes britanniques en Orient, purent se rendre jusqu'aux confins du Tibet et de l'Inde. Il fut possible de prendre contact avec certaines sources du courant gnostique, en rapportant des traditions spirituelles et des textes religieux inédits. La traduction d'un grand nombre d'écrits bouddhistes et hindouistes leur valurent d'être mieux connus et rendus disponibles, aux érudits de même qu'au grand public. On reçut ces révélations avec l'enthousiasme qui accompagne toute nouveauté. On croyait avoir mis la main sur une tradition religieuse unique, où il était possible, croyait-on, de déchiffrer l'expression d'une religion universelle, supérieure à toutes les autres, pure des compromis avec la pensée rationnelle et dont toutes les manifestations religieuses découlaient comme d'une source unique.

La moelle qui alimentait cette religion, conservée depuis des temps immémoriaux à l'abri des manipulations humaines, était constituée des trois vérités essentielles suivantes[37]: l'existence d'un Dieu impersonnel dont l'énergie pénètre tout l'univers, l'essence divine de l'être humain en son fond et la loi de compensation ou du «karma», selon laquelle l'homme est le seul juge de sa vie, pour le meilleur, soit la fusion dans l'unité divine, ou le pire, soit la réincarnation, nouvelle période de cheminement qui lui est donnée pour parfaire son éducation et sa marche vers la perfection. On croyait avoir isolé le substrat universel de toutes les religions, lesquelles auraient transmis ou conservé ce dépôt tant bien que mal au cours des siècles: soit le *panthéisme* ou l'essence divine de toute chose, le *monisme* ou l'unité fondamentale de l'ensemble du cosmos et l'*ésotérisme*, cette somme de connaissances secrètes auxquelles il faut avoir accès pour se libérer de l'attachement au matériel, qui n'est qu'illusion et source de déception, pour en arriver enfin à se plonger dans le Feu Divin.

C'est cette conviction qui donna naissance en 1875, aux U.S.A., à la Société de théosophie, mouvement qui est à la base de toutes les nouvelles formes de la gnose moderne. Mme Helena Blavatsky qui avait voyagé de par le monde et le colonel Olcott fondèrent le mouvement. La véritable instigatrice en fut cependant Mme Annie Besant (1847-1933), une anglaise qui publicisa ce principe qui voulait que tous les matériaux énumérés plus haut constituaient la substance commune de toutes les religions; celles-ci se valaient puisqu'elles n'étaient que des modulations diverses sur ces quelques thèmes universels, toujours les mêmes.

Ce courant d'idée était resté le lot d'une minorité d'initiés de nos milieux. Or voici qu'au début des années 1970, deux événements littéraires vont contribuer à paver la voie vers le grand public aux principes de la théosophie: l'image d'une religion supérieure ou d'un christianisme secret tenu caché par les ecclésiastiques, qu'on n'osait pas dévoiler, afin de ne pas perdre le contrôle sur les consciences. Cette idée fut diffusée à travers quelques ouvrages populaires qui donnaient accès à la pensée des grands maîtres de tous les temps. La population d'ici, marquée alors par la désaffection religieuse et par les horizons de plus en plus étroits du matérialisme pratique, accueillit avec intérêt ces révélations, sans en saisir, il va de soi, toute la portée.

Le premier événement fut le succès d'une douzaine d'ouvrages d'un certain Lobsang Rampa[38] qui se présentait comme un initié tibétain et qui fit plusieurs séjours au Québec. Il s'agissait en fait d'un journaliste anglais du nom de

Cyril Henry Hoskins qui, semble-t-il, n'avait jamais mis les pieds au Tibet. Il se disait être un lama, familier des écrits du bouddhisme tibétain, conservés dans des bibliothèques de monastères situés dans certaines régions totalement inaccessibles aux étrangers. L'auteur de ces ouvrages avait été, prétendait-il, initié aux techniques anciennes grâce auxquelles l'énergie divine qui constitue le fond de la conscience humaine peut être libérée et donner lieu à des comportements qui échappent aux prises de la pensée rationnelle et scientifique, de même qu'aux catégories du christianisme. En fait, il ne s'agissait de rien d'autre que des pratiques qu'avait décrites au début du siècle une anthropologue réputée, Mme Alexandra David-Neel, qui avait effectué, elle, de nombreux séjours au Tibet. Elle avait publié ses observations dans ses ouvrages traduits en français en 1929 et 1930 et largement diffusés, soit «Mystiques et magiciens du Tibet» et «Institutions lamaïques».

En se rendant maître de ces techniques, tous les obstacles et les contradictions qui paralysent la vie humaine (obstacles du temps et de l'espace, difficultés de communication, vulnérabilité du corps aux maladies, mort) pouvaient être dépassés, par une descente de l'homme dans son fond divin où des pouvoirs étonnants se cachent. On connaissait parmi ces dynamismes, la télépathie et l'hypnotisme, qui témoignent déjà d'une mainmise de l'esprit sur la matière. On y faisait état cependant d'autres virtualités du psychisme: nommons la psychométrie ou l'art de voir avec n'importe quelle partie du corps et d'intuitionner les coordonnées de l'histoire d'une personne ou d'une chose, soit de deviner son passé et d'anticiper son avenir. Il y avait aussi la clairvoyance, cette possibilité de surmonter, grâce au troisième œil, le temps et l'espace, c'est-à-dire, de se rendre omniprésent. Le psychisme humain y révélait aussi d'autres propriétés dont les appellations deviendront rapidement parties d'un vocabulaire familier: l'éthérique, ce champ de forces qu'il est possible de polariser pour en rééquilibrer les énergies si nécessaire, l'aura, cet autre champ magnétique plus vaste qui détermine par sa couleur l'essence de la personnalité, et l'astral, ce corps identique au corps physique, mais formé de molécules moins denses, qui peut se dégager du premier et voyager dans l'espace et le temps à la vitesse de la pensée[39]. Les techniques pour libérer ces énergies, comme la récitation de mantras, les postures yogiques ou le contrôle de la respiration, rendaient enfin l'être humain à sa véritable nature divine et lui permettaient d'accéder à la perfection, par le seul jeu de sa propre initiative; il n'avait plus besoin de recourir à la médiation d'un Sauveur, comme l'avait prêché depuis toujours le christianisme.

L'autre événement, plus subtil, car cette belle histoire fut utilisée aussi bien en catéchèse que comme fond de scène pour des liturgies, fut le récit de Jonathan Livingston le Goéland. L'histoire de ce jeune goéland qui échappe au sort de son voilier d'origine en expérimentant des techniques audacieuses de vol, mettait en relief dans une première lecture, le courage et la persévérance d'un marginal qui refusait la routine de ses congénères pour bâtir lui-même sa vie. Ses efforts le conduisaient à la sagesse et à l'idée qu'on peut vaincre même la mort: rien de plus honnête, exemplaire et stimulant, de même que conforme à une morale de la perfection, compatible avec l'idéal évangélique. On voyait d'emblée à travers l'image de Jonathan celle de la vie du Christ; les registres paroissiaux des baptêmes peuvent témoigner que durant ces années, c'est ainsi que bien des parents chrétiens comprirent le message. Mais un second regard révélait que le récit était issu d'une toute autre inspiration. En fait, tous les thèmes gnostiques s'égrenaient au long des péripéties et des aventures de la vie de notre jeune goéland. Par exemple: le refus de la condition de la masse ignorante, l'entreprise de libération appuyée uniquement sur les forces de l'individu, l'arrivée d'un guide lumineux (le gourou), l'apprentissage dans une seule vie de ce que la masse découvre après 1000 vies, les conditions de la future vie tissées à même ce qui a été appris au cours de la précédente, le voyage astral, la réincarnation, le refus de l'union avec le divin pour revenir sur terre comme guide, la fusion finale dans la pensée du Grand Goéland, etc... La popularité de cette histoire qui aurait pu passer inaperçue comme un ordinaire conte pour enfants, manifestait que des fibres profondes avaient été atteintes chez nos gens.

Les livres de Rampa et le roman de Richard Bach avaient en quelque sorte une portée prophétique. Ils annonçaient que la conscience d'une part de la population était prête à accueillir un discours gnostique plus élaboré et mieux identifié, ce qui ne tarda pas avec l'arrivée chez nous, en vagues successives, des groupes dont nous avons déjà donné la nomenclature.

Un besoin urgent de nouveaux mythes

Cet engouement pour les images gnostiques d'une Sagesse facilement accessible à tous, d'une religion parfaite, non touchée par les corruptions de l'histoire, de Maîtres omniscients et tout-puissants, d'autres vies disponibles pour reprendre ce qui a été gâché au cours de la première et qui permettent d'échapper à la culpabilité, tout ce qui fait la popularité de la gnose témoigne en fait d'un besoin profond de grands symboles qui succéderaient à ceux que la critique de la religion traditionnelle avait rendu moins fonctionnels. Toute personne a besoin de ces images vibrantes qui montrent diverses voies possibles à l'existence humaine et des issues à son aventure sur terre. On découvre également que chaque fois qu'on porte atteinte à l'autorité spirituelle d'un environnement religieux, en ce qui nous concerne le christianisme implanté ici depuis quatre siècles, on met en danger la survie des communautés qu'il encadrait jusque là. Le catholicisme avait, pour sa part, toujours offert à ses fidèles des images tirées de l'histoire vérifiable: celle de Jésus de Nazareth, personnage historique, né dans la tradition juive et reconnu comme Fils de Dieu, qui avait donné sa vie sur une croix pour le pardon des péchés et pour l'octroi de la vie éternelle à ceux et celles qui, dans la foi, accepteraient de devenir les fils et les filles d'un Dieu au visage étonnant, qui se faisait appeler Père. Ces images ayant été discréditées et ravalées à la dimension de légendes infantilisantes dans une bonne part de la population lors des changements sociaux que nous avons connus, elles avaient grandement besoin d'être remplacées. C'est le rôle que jouèrent les grands symboles de l'univers gnostique.

On connaît la fonction de ce que nous nommons les mythes. Ils servent, en tant que récits racontant comment en des temps très reculés des héros ou des dieux donnèrent forme à l'univers, à maintenir un sentiment de respect et de gratitude face à l'existence, plutôt que d'angoisse et de peur. Ils offrent aussi une image globale et compréhensible du monde, aident à supporter un certain ordre social et permettent aux individus de traverser certaines crises psychologiques, en leur fournissant des points de repère. En même temps que l'histoire qui fondait le christianisme et qui avait ce rôle d'encadrer l'existence, se le voyait retirer, c'est la légende des récits gnostiques sur les origines et la destinée du monde qui fit office pour ses adeptes, d'histoire fondatrice et d'explication de l'aventure humaine. Au même moment où, dans un renversement tragique de la situation, l'histoire chrétienne était réduite à l'état de légende, pour plusieurs personnes la légende prenait place de l'histoire. Après avoir donné quelques-unes des caractéristiques de la gnose, nous allons, dans un prochain chapitre, élaborer des exemples de ce que nous entendons par «nouveaux mythes».

Chapitre VII

DIX GRANDES CARACTÉRISTIQUES
DES GNOSES

En plus des sectes, sont donc inclus depuis une quinzaine d'années, dans le paysage spirituel québécois, des groupes qui s'inspirent de la gnose traditionnelle et qui entreprennent de révéler à leurs initiés la connaissance des grands mystères qui seraient l'explication de l'origine du monde, de la vie, de l'être humain, connaissance qui donne accès à la véritable libération intérieure, à la réalisation de soi et au salut. Nous donnerons ici quelques caractéristiques qui dépeignent à larges traits les grandes articulations, la mentalité et les ambitions des groupes gnostiques[40].

1) La démarche gnostique se présente comme une attitude spirituelle supérieure à la religion et à la foi

Grâce aux connaissances qu'elle transmet sur l'être humain et les mystères de l'univers, grâce à des révélations tenues jusque-là cachées (ésotériques) et à l'abri des regards du grand public, la gnose se donne comme objectif de compléter sinon de remplacer la démarche religieuse, dont elle se prétend le niveau le plus élevé et le point d'aboutissement en quelque sorte. Alors que la foi simple et la pratique appartiennent aux gens ordinaires (la majorité des hommes) la gnose est le propre des esprits éveillés, de l'élite spirituelle. Certaines de ses doctrines s'inspirent des religions et des philosophies orientales, celles de l'Inde en particulier, d'autres sont conservées dans des plans plus subtils de l'univers matériel et recueillies par l'action de certains médiums, d'autres enfin dévoilent un christianisme plus authentique, réservé et secret, qui révèle le sens véritable des mystères qui sont vénérés dans le culte. On diffuse alors des évangiles nouveaux, un enseignement de niveau supérieur qui aurait été transmis par Jésus, après sa résurrection, à quelques disciples choisis; c'est l'évangile de Thomas ou de Philippe où Jésus fait figure d'un maître de sagesse qui explique les origines de l'univers, enseigne des techniques d'éveil ou prescrit des diètes à ses proches. Ce même Jésus, comme il arrive dans la plupart des enseignements gnostiques (A.M.O.R.C., Eckankar, Urantia) n'est en fait qu'un des nombreux initiés qu'a connus l'histoire, personnages qui ont été habités de façon particulière par le grand Esprit Christique, cette énergie cosmique qui est la substance de tout être. Durant les trente années de sa vie cachée (ésotérique), Jésus serait allé rencontrer les grands maîtres en Égypte, en Syrie, au Mont-Carmel et même jusqu'aux Indes, pour y être instruit des secrets de l'univers. Ainsi le christianisme traditionnel doit laisser place à une religion où la quintessence des mystères est enfin expliquée en clair et où la transmission de la connaissance prend le pas sur le culte, la prière et les sacrements.

2) Ce n'est pas par la foi qu'on arrive au salut, mais par la connaissance seule

Une autre des caractéristiques de la gnose, c'est de nier le principe premier de la religion chrétienne, à savoir qu'on arrive au salut par la participation à la mort/résurrection de Jésus Christ. Ici, c'est plutôt la connaissance qui sauve, avons-nous dit. Pour devenir «clairvoyant», il faut dépasser la foi, qui est une attitude primaire et infantile et qui fait de l'homme un être totalement dépendant. Si ce dernier demeure dans son malaise existentiel, s'il continue d'être écrasé par la souffrance et la mort, c'est à cause de son ignorance crasse, état dans lequel les religions le maintiennent pour mieux le dominer. S'il arrive un jour à s'ouvrir aux lois cosmiques, qui sont l'expression de l'énergie divine diffuse en toutes choses, il pourra échapper aux causes de son malheur. Il découvrira, dit la gnose, que le mal est l'effet des lois du «samsara», cette roue des naissances et des morts qui, comme on peut le constater dans la nature, fait nécessairement suivre une mort d'une naissance nouvelle. Il en va de même pour l'être humain qui n'échappe pas au déterminisme du cosmos. Sa naissance en ce monde n'a été que la conséquence d'une mort antérieure où la partie spirituelle de son être s'est unie à un nouveau véhicule ou à un nouveau corps. La souffrance est aussi un effet du «karma», cette fatalité qui nous oblige à payer dans cette vie ou dans d'autres subséquentes, le poids de nos erreurs et de nos fautes qui, une fois commises, s'impriment en nous sous forme de traces que seul un effort personnel pourra éliminer grâce à la connaissance. C'est la gnose qui nous apprend donc notre véritable état (nos malheurs en cette vie sont la conséquence de la manière dont nous avons vécu dans nos existences antérieures) et qui nous donne les moyens d'y échapper. Les réincarnations multiples, qui attendent les gens ignares, peuvent être évitées ou réduites, si nous savons comment nous approcher du divin.

Il faut noter que cette fameuse connaissance n'est pas de nature théologique, philosophique ou scientifique aux sens connus de ces mots. C'est une connaissance mystique et intuitive qui n'est faite ni de calculs, de mesures ou d'expériences, comme on les entend ordinairement. Cette connaissance échappe aussi aux lois du raisonnement; elle ne se manifeste pas comme la conclusion de grands principes abstraits. Elle prend forme plutôt, au moment opportun, d'une illumination intérieure au terme d'une descente en soi, provoquée par les techniques d'éveil qui sont proposées par les Maîtres. On parvient alors à une dimension de soi-même que l'on avait comme oubliée, mais qui s'était montrée parfois sous forme d'éclairs fugaces. Arrive enfin cette sorte d'autorévélation de soi à soi-même, dans un éclatement de lumière, de chaleur et de paix. On découvre alors que la vérité était depuis toujours tapie au fond de soi, car on est d'essence divine. Tout ce qui faisait problème ou inquiétait (culpabilité, destinée, etc...) est alors renversé: l'homme découvre qu'il a tout ce qu'il faut en lui-même pour se tirer d'affaire. Ce n'est pas le gourou qui transmet cet enseignement au commençant; il ne fait que l'éveiller, le suggérer ou le provoquer. Celui qui y parvient tout d'un coup décèle qu'il est un fragment de la grande Pensée cosmique ou de la Conscience universelle que les religions nomment Dieu.

3) Le Dieu auquel parvient la démarche gnostique n'est pas un être personnel

La Bible nous révèle un Être capable d'interventions dans la vie et l'histoire de ses créatures et apte à développer des relations d'amour et de pardon vis-à-vis d'elles. Dans la gnose, rien de tout cela; Dieu ou la réalité à laquelle on donne parfois ce nom, est plutôt le principe énergétique selon lequel évolue l'univers et qui est la source ultime de sa réalité, de la vie et de la conscience. La connaissance permet d'entrer dans les secrets du fonctionnement du cosmos, dans la manière dont se structure son activité, mais jamais dans le mystère d'une Personnalité qui désire engager un dialogue avec l'homme. La gnose vise à se donner accès pour soi-même, pour son utilisation propre, à cette énergie suprême. La connaissance prétend entrer ainsi au-dedans des formules traditionnelles des religions, pour saisir enfin ce qui y était dissimulé: non une Parole, mais un mode d'emploi. Les textes sacrés, les rites et les symboles des grandes religions étaient en fait des masques qui cachaient tous la même réalité; ils contenaient la vérité, mais la cachaient en même temps au peuple ignorant et incapable de la recevoir. Il faut donc entreprendre de la déchiffrer pour qu'apparaissent les secrets les plus profonds donnés à découvrir aux esprits qui en sont dignes. Toutes les religions disent donc la même chose sous des revêtements divers; il est possible, dit la gnose, de remonter au-delà des formules et des cultes variés jusqu'au Donné Fondamental. C'est ainsi que le rite du baptême que l'on retrouve dans la plupart des religions cache en fait l'invitation à la nouvelle naissance qui est la saisie de son véritable «moi» qui est d'essence divine. On pourrait reprendre ici tous les rites sacramentels des religions, pour en lever l'écorce et en démasquer le noyau véritable.

4) De façon générale, les mondes matériel et corporel sont considérés par la gnose comme des réalités inférieures et décevantes

C'est souvent la porte d'entrée dans la gnose ou l'expérience fondamentale par laquelle on y arrive. Il s'agit du choc ou de l'éveil qu'une personne peut éprouver lors d'une grande épreuve ou d'une expérience qui sort de l'ordinaire (séparation, mort d'un être cher, souffrance, perte de son statut social, sortie indemne d'un grave accident, etc...). Quand se reposent alors avec plus d'acuité les grandes questions de l'existence, quand les préoccupations dites métaphysiques sont relancées (d'où est-ce que je viens? où s'en va ma vie? pourquoi est-ce que je souffre? qui suis-je au fond?), il arrive que dans ces situations-limites, le monde coutumier sur lequel s'appuyait la vie de tous les jours, l'environnement matériel et la société de consommation, soient perçus comme d'aucun secours et même foncièrement décevants. On arrive à penser qu'on est aliéné, c'est-à-dire, privé de sa véritable patrie. On cherche alors à se tourner vers d'autres dimensions pour quêter des réponses à ses aspirations. La gnose vient corroborer cette impression d'étrangeté et de non familiarité de la personne avec le monde ambiant par sa vision dualiste de l'univers. Le monde, répondra-t-on, est partagé entre la dimension de l'Esprit, la vraie réalité et celle de la matière qui est illusion, source de tout le mal. En fait nous sommes des êtres divins, des «dieux tombés qui se souviennent des cieux» (Lamartine), nous venons du Grand Tout, nous sommes des fragments d'étoile, des étincelles de la Conscience cosmique. Il nous faut retourner à tout prix vers ce havre de paix qui est notre véritable origine. «Où vas-tu?» demande le gnostique... «Tu te rapproches d'où tu viens» ajoute-t-il!

La connaissance qui permet de faire cette route est comme une réminiscence (Platon), une remémoration d'un savoir primordial qui aurait été perdu ou oublié. La raison, c'est notre plongée dans un corps qui est comme une prison pour l'esprit, lieu des désirs et des passions, mais non l'expression de notre véritable moi. La connaissance est comme la réappropriation de ce qui nous appartient et dont nous aurions été frustrés. Comme Dieu n'est jamais un être personnel mais un principe vital dont le monde matériel est issu par émanation, diffusion ou involution, nous vivons en fait dans un état de chute, par lequel l'esprit s'est comme cristallisé ou densifié en matière. Au fond tout est conscient, vital et divin, même la matière la plus épaisse. Celle-ci donne l'impression d'exister par elle-même, mais elle n'est que l'envers de l'Esprit. Même chose pour la multiplicité des êtres: illusion aussi, car tout est fondamentalement un (monisme).

Certains courants gnostiques affirment l'existence d'un Âge d'Or de l'humanité qui aurait évolué en des temps immémoriaux, sur des continents maintenant disparus, comme l'Atlantide. Là, les êtres humains possédaient la véritable sagesse, connaissaient les vraies réponses aux grandes questions ci-haut esquissées, sur eux-mêmes, sur la vie, sur l'univers. Mais cette connaissance-là a été perdue, suite à des cataclysmes ou à des catastrophes. Parfois on affirme que ce royaume est situé sur d'autres planètes, qui nous envoient des émissaires ou dans des plans d'existence auxquels seuls les initiés ont accès par la concentration. Heureusement, quelques élus ont conservé cette connaissance et l'ont propagée en secret en se la relayant de siècle en siècle. C'est cet héritage qu'il faut retrouver afin de sortir de la misère engendrée par l'illusion du monde actuel: c'est ce trésor précieux qu'offrent en partage, selon des formulations variées, les différentes gnoses et que nous avons nommés pour notre part les nouveaux mythes.

5) La gnose se veut une expérience de libération faite de seuils, d'initiations et d'étapes multiples, où l'adepte peut toujours vérifier où il en est

Puisqu'il faut se libérer du corps et du monde matériel tels qu'ils se manifestent à nous dans leur caducité, la première initiative sera de découvrir comment ils sont la source de notre ignorance et de tous les conditionnements psychologiques et sociaux auxquels notre éducation nous a soumis. La gnose entreprend alors de révéler comment le corps est une matière épaisse, faite de plusieurs enveloppes, au-delà desquelles il est possible de s'élever, grâce à la connaissance des lois du cosmos. Car l'homme est un résumé du cosmos, la totalité de l'univers étant condensée en lui. De même qu'il y a sept degrés de chute ou de crispation de l'Esprit dans la matière, il y a sept couches qui constituent le corps humain: le physique, le karmique, l'éthérique, l'astral, le mental, le christique, etc... «Connais-toi toi-même et tu connaîtras l'univers», disait le sage Socrate. Il en va ainsi dans la gnose: tout ce qui est en-Haut est aussi en-Bas et vice-versa, y dit-on. La libération consiste à remonter les marches jusqu'au degré ultime, aussi bien du corps que du cosmos, car tout se tient et se correspond.

Commence alors le pèlerinage vers la source. Par ses propres efforts et son application, la personne peut arriver, grâce à des techniques appropriées, à dominer cette matière qui la retient et à franchir les étapes de sa libération, en faisant constamment la vérification d'où elle en est. Cette voie est faite d'exercices de concentration et de vide de l'esprit, de méditations, de postures yogiques, d'enseignements dosés, d'initiations et parfois de guides alimentaires ou de pratiques d'hygiène. On arrivera à pratiquer, c'est du moins ce que l'on promet au nouvel initié, certaines étapes de dégagement comme le voyage astral, la lévitation ou la bilocation. L'esprit humain peut alors, toute vérification étant possible, remonter lentement vers ses origines en creusant son propre fond.

Au cours de ce périple, chacun est le principal agent de sa libération, selon le principe qui dit: «Toi seul peux te sauver!» Le mal c'est l'identification à la matière et au corps. Il faut se désidentifier de ses nombreux «je» qui ne sont pas le vrai «moi», pour en arriver au «Soi profond» qui est non personnel, en creusant jusqu'à la perception de l'informel qui est en-deçà de nos pensées. Voilà en quoi consiste se mettre en harmonie avec le cosmos et maîtriser complètement sa vie.

6) À la base des gnoses, le principe de la réincarnation

Voilà une idée fondamentale par où l'on peut reconnaître qu'on est en terrain gnostique. Ce principe implique que la purification de son karma, sa dette d'erreurs et de fautes, ne pouvant pas facilement s'effectuer en une seule vie, il est nécessaire de renaître pour s'en dégager dans une ou plusieurs vies subséquentes, humaines ou animales. Dans cette perspective, il n'est plus question de salut gratuit en Jésus Christ, ni de réconciliation avec soi, avec les autres et avec Dieu grâce au sang du Crucifié et grâce à sa Résurrection d'entre les morts. On envisage selon cette théorie, qu'il faut même parfois 1000 ou 10,000 réincarnations pour se dégager totalement de son attachement à la matière et pour compléter le retour vers le Grand Tout. Le but de la gnose est de fournir un instrument apte à hâter la libération et à faire échapper la personne à la nécessité de se réincarner, étant donné qu'elle est en son fond une étincelle du divin, destinée à se fondre définitivement un jour dans le grand brasier dont elle avait été exilée.

Il semble que ce principe de la réincarnation soit apparu pour la première fois vers les VIIe ou VIIIe siècle avant notre ère, dans des populations qui habitaient les rives de l'Indus en Inde. Ces peuples indigènes avaient été dominés par des envahisseurs, les Aryens, qui leur avaient imposé leur culte et leurs structures sociales. On comprenait mal comment le Dieu suprême de leurs maîtres tolérait la prospérité des nouveaux venus et, en même temps, la misère et la dépendance des conquis. Dans leurs écrits de l'époque, dont sortirent les Upanishads, on témoigne d'une remise en question de la religion officielle avec son culte et ses sacrifices, qu'on considérait comme inapte à procurer la justice et le bonheur. L'idée se faisait jour qu'à la naissance une personne possède son destin tout tracé, que les cartes sont jouées pour elle. Si on est doué, si une bonne situation sociale nous attend, c'est à cause de ce qui aura été vécu dans une vie antérieure. Pour éviter de végéter dans la vie qui suivra, il faut préparer sa nouvelle naissance de manière à progresser et à renverser les rôles. Le mal c'est la roue des naissances et des morts qui le cause, qui fait même qu'on peut régresser dans l'enveloppe d'une vie animale ou végétale. Vaut mieux essayer de s'en sortir le plus tôt possible!

La réincarnation prend la forme d'une solution humaine à l'éternel problème du mal, de l'injustice et de la souffrance[41]. L'explication aux malheurs présents, c'est que l'âme qui constitue le tout de la personne est unie à un corps attaché par son désir à la matière comme à une enveloppe dont les affinités sont terre à terre. L'aventure de l'âme consiste à se retrouver dans ce labyrinthe ou cette jungle inextricable où elle s'est égarée. La véritable religion sera celle qui donne une réponse à son aspiration vers la lumière.

La diffusion en Occident de l'idée de réincarnation s'est faite en particulier, comme nous l'avons signalé, par la Société de théosophie, au début du siècle. On y apportait en plus des «preuves expérimentales» appuyant l'idée que l'être humain doit traverser plusieurs vies. La régression sous hypnose de patients ou de personnes douées de pouvoirs médiumniques, vers leurs existences antérieures, la présence à la naissance de talents ou de connaissances qui semblent innées, ces arguments tendaient à faire de la réincarnation non plus une hypothèse parmi d'autres, mais un fait hors de tout soupçon. Comme la gnose a le pouvoir de tout s'amalgamer, alors qu'elle était une situation angoissante chez ceux qui en avaient formé l'idée, elle a eu tendance à devenir en Occident une sorte de remède à une vie trop brève et une condition de progrès[42]. En effet, les gnoses modernes lui associent les idées très actuelles de progrès continu, d'éducation permanente et d'évaluation par matière[43]. Étant donné que toutes les dimensions de notre être ne pourront pas se développer également à cause des limites imposées par une seule vie, la réincarnation deviendra un moyen de cultiver, au cours d'autant de vies qu'il sera nécessaire, nos talents artistiques, vertus, habiletés et disponibilités.

Signalons enfin qu'il n'y a pas besoin de se convertir radicalement quand on appartient à la gnose. Il suffit de cheminer lentement mais sûrement, en préparant le mieux possible sa prochaine réincarnation. Les personnes mauvaises, à qui tout semble réussir en cette vie, auront une destinée pleine des châtiments appréhendés. Les personnes qui souffrent et qui développent de la patience et de la compréhension auront une autre vie qui les comblera de bonheur. Autre aspect: la gnose tend à montrer que toutes ces vérités sont contenues et développées dans la Bible. Nous reviendrons sur ce point.

7) À la longue, le gnostique en arrive à perdre l'essentiel de sa foi chrétienne, même s'il fréquente l'Église

Le gnostique ne sent pas le besoin de couper d'avec ses engagements religieux antérieurs; il croit même devenir un pratiquant d'élite, qui aura comme devoir d'éduquer ses condisciples et de les éveiller à la connaissance. Pourtant cette connaissance et celle de la foi sont bien différentes. La connaissance à laquelle arrive le chrétien est destinée à l'aider à croire davantage, à lui montrer que les mystères sont croyables, qu'ils ne contredisent pas le bon sens et même, qu'une fois admis, ils éclairent le sens de la vie humaine comme par un supplément inespéré de lumière. La connaissance ne vise jamais cependant à lui faire saisir le tout du mystère de Dieu, qui demeure du début à la fin de la démarche l'Inconnaissable, le Tout Autre. Le chrétien croit plutôt que c'est Dieu qui le connaît, d'une connaissance d'amour, et non lui-même qui pourrait en faire le tour avec son intelligence limitée. C'est grâce à la lumière que Dieu lui communique qu'il peut entrer à son tour dans la connaissance de Dieu, par l'amour. Cette connaissance n'est jamais parfaite mais elle perçoit Dieu «comme à travers un miroir dépoli», nous dit saint Paul. La connaissance du chrétien, même si elle s'élabore à travers des systèmes théologiques complexes, demeure humble, limitée et elle voit sa perfection dans l'ouverture, jamais parfaitement accomplie, de sa foi en un Dieu qui prend l'initiative de parler de lui-même. Le gnostique pour sa part a tendance plutôt à abolir les mystères et à chercher à faire l'inventaire de l'idée du divin en même temps qu'il y met la main, en s'appropriant ses pouvoirs.

Aussi faut-il porter une attention de tout instant au vocabulaire employé par le gnostique. C'est la plupart du temps le même que celui des religions, mais qui est employé dans un sens bien différent. Par exemple, l'Église ce n'est plus l'assemblée convoquée par Dieu, mais l'égrégore, la grande loge des initiés ou des clairvoyants. Le Sauveur n'est plus Jésus Christ, personnage historique, mais le grand initié grâce à qui le soi profond est arrivé à se révéler à lui-même. Le baptême devient l'illumination, l'entrée dans la connaissance. Le surnaturel n'existe plus comme tel; tout devient naturel dans la gnose, même le divin qui n'est plus qu'un tourbillon d'énergie. Aussi l'arrivée du Royaume n'y est plus un événement collectif ou social comme dans le christianisme, mais un fait purement individuel, la plongée de l'âme dans le Grand Tout.

8) Les cosmogonies

Pour bien indiquer le chemin du retour vers le divin, il est important pour les gnoses de disposer d'une sorte de carte routière ou d'une image du monde matériel et des étapes de son évolution, suite à sa constitution, grâce à l'intervention des Maîtres du cosmos. Certaines gnoses comme la Rose-Croix utilisent une cosmogonie, soit un schéma des origines du monde, de ses transformations et de la répartition des diverses couches matérielles suivant la densification prise par la matière, le long des sept chutes de l'Esprit.

On dispose aussi d'un calendrier des époques ou ères que franchissent les grands cycles de l'Éternel Retour, selon des rythmes de construction et de destruction. La plus célèbre de ces cosmogonies est sans contredit celle d'Urantia, dont nous reparlerons plus loin. Il faut se souvenir également que le temps gnostique est cyclique, qu'il évolue non sur un vecteur droit, se dirigeant vers un terme, mais sur un cercle où les mêmes événements risquent de se reproduire un jour. C'est ainsi que l'ancien philosophe Pythagore disait à ses disciples qu'ils se retrouveraient tous un jour assis aux mêmes endroits, en train de discuter des mêmes sujets.

Il faut ajouter que ces données spatiales et temporelles ne sont pas ordinairement appuyées sur les connaissances scientifiques actuelles, ni celles de l'astronomie, ni celles de l'archéologie, mais qu'elles les contredisent totalement. Les coordonnées gnostiques viennent des révélations faites directement aux grands initiés, apportées sur terre par des voyageurs du cosmos ou entrevues dans les communications des médiums.

9) Les grands initiés et les fondateurs

Si on cherche à remonter à l'origine des gnoses, on découvre que leur passé n'est pas aussi reculé qu'on le laisse entendre. On retrouve souvent des auteurs dotés d'une certaine érudition, qui, au détour du siècle dernier, alors que les grandes expéditions rapportaient en Europe ou aux U.S.A. les produits culturels et religieux des civilisations de l'Orient et de l'Asie, ont entrepris de faire une synthèse de toutes les doctrines philosophiques et spirituelles qui y étaient représentées. En faisant des rapprochements, ces personnes ont cru déceler dans les messages des religions certaines constantes, des images et des idées qui se ressemblaient. Elles en ont conclu qu'elles disaient toutes la même chose; de là à dégager une sève commune et à en faire la «grande sagesse universelle», il n'y avait qu'un pas. Pour rendre ces doctrines plus séduisantes, restait à les présenter comme des révélations venues d'ailleurs, de continents perdus ou transmises par des intelligences qui habitent d'autres galaxies. Ces révélations ont été cachées à certaines époques qui ne les auraient pas comprises ou en auraient fait un mauvais usage. Pour la gnose, les grandes religions ont été comme des musées qui les ont conservées, en les travestissant dans leurs textes sacrés, leurs rites ou leurs grands monuments, comme les pyramides ou les cathédrales. Certains grands clairvoyants peuvent heureusement aujourd'hui nous aider à décrypter ces connaissances et nous y éveiller comme ils l'ont été eux-mêmes. En le faisant, ils montrent qu'il existe en notre fond des résonnances et des pierres d'attente qui nous prédisposent à déchiffrer les symboles dont ces textes sont remplis, de même que tout l'univers, si on sait le regarder. Ces initiés sont les fondateurs des gnoses actuelles ou encore les personnages qui ont habité jadis la terre et qui étaient des incarnations diverses du même Esprit Divin.

Parmi les grands initiés on a coutume de nommer quelques personnages mythologiques comme Osiris, Hermès ou Orphée, des fondateurs de religions comme Moïse, Krishna, Bouddha, le Christ ou Manès, des philosophes comme Pythagore et Platon, des mystiques comme Jean l'évangéliste, des alchimistes et prophètes comme Christian Rosenkreuz, Paracelse ou Nostradamus. Parmi les plus récents, on nomme Mme Blavatsky, de la Société de théosophie, Rudolf Steiner, fondateur de la Société d'anthroposophie, Gérard Encausse, dit Papus, initiateur de l'Ordre martiniste, le maître Georges Gurdjieff, Peter Deunov, fondateur de l'auguste Fraternité blanche, Oscar Ernst Berhardt, du mouvement Graal, Sri Darwin Gross, 972e grand Maître Eck, Sri Aurobindo, etc...

10) Souvent les mouvements gnostiques parasitent les Églises

Le succès de ces groupes est souvent rendu possible dans la mesure où des croyants se laissent séduire par leurs promesses de réalisation supérieure, à cause d'un grand idéal de vie spirituelle qu'ils portent en eux. La gnose n'a pas une grande audience dans les milieux où règnent l'incroyance ou le matérialisme replet. En ce sens, la gnose est dangereuse pour les croyants, car elle cultive une certaine suffisance et un sentiment de ne plus être compris par les pratiquants ordinaires. Elle encourage souvent une évasion en dehors du monde réel et des responsabilités sociales, vers un univers qui ressemble à de la science-fiction, pure création de l'imagination humaine. L'ambition des gnoses à remplacer les Églises qui, selon elles, ont fait leur temps est, par ailleurs, clairement exprimée. Les gnoses prennent alors le relais des diverses sociétés secrètes dont l'objectif déclaré fut, au cours des siècles passés, d'éliminer les Églises et surtout l'Église catholique. Si elles ne réussissent pas à déstabiliser les institutions religieuses, elles détériorent la foi des personnes qui continuent de les fréquenter, en y amalgamant des éléments qui sont en contradiction avec la tradition bi millénaire du christianisme reçue des Apôtres.

Une dernière remarque concerne les structures de pensée que l'on retrouve à l'œuvre dans le monde des gnoses, qui font pendant à celles que nous avons découvertes dans celui des sectes et que nous nommions héroïques ou schizoïdes.

Gilbert Durand[44] énumère quatre tendances qui moulent la pensée mystique; même si elles ne sont pas exclusives à la gnose, nous allons les identifier pour mieux comprendre l'univers gnostique. La première est le redoublement et la persévération, au sens où l'intimité que cherche le mystique arrive toujours au bout d'une rêverie d'emboîtements multiples. C'est une fois arrivé au fond du fond de la dernière demeure qu'est atteinte la béatitude. Aurions-nous là la signification des multiples initiations auxquelles procèdent la plupart des gnoses, qui permettent d'approcher toujours mieux le secret, la perle de grand prix qui sera la parfaite réalisation de soi. «Atman est Brahman» dit l'hindouisme, c'est-à-dire: le soi le plus profond, c'est Dieu. En d'autres mots, celui que tu cherches, que tu pries, que tu adores, finalement c'est toi. Le terme de la longue descente du gnostique c'est finalement un face à face avec soi-même, comme le jeu d'un double miroir qui se renvoie la même image des milliers de fois.

Une autre structure explique le monisme sur lequel repose toute la pensée gnostique, c'est cette certitude qu'à la fin tout est identique, tout est un. «La pensée mystique n'est pas faite de distinctions, mais de variations confusionnelles sur un même thème[45].» Le monde gnostique est aussi un environnement où tout s'agglutine, où tous les éléments adhèrent les uns aux autres, où tout est dans tout. Se concentrer sur une onde sonore ou une couleur intense et y persévérer, c'est finalement retrouver la vibration de l'énergie cosmique, se mettre au diapason du divin. Même conception pour le temps; son déroulement n'est pas tel qu'il pourrait engendrer du tout à fait nouveau, de l'inédit, mais plutôt une variation sur les mêmes thèmes, les grands cycles cosmiques, où tout finit par se répéter. Cette structure serait-elle responsable de l'habitude qu'ont développée plusieurs adeptes de passer d'un groupement à l'autre pour y recueillir les formulations des mêmes principes et enrichir leur propre synthèse personnelle. Il n'est pas rare de voir ainsi se ramifier les gnoses en des nouveaux groupes où l'on retrouve les mêmes éléments regroupés autrement.

Le réalisme sensoriel est un autre trait du monde mystique. Pour sa part le gnostique n'est pas un esprit analytique mais quelqu'un qui se tient proche des réalités sensibles, sons, couleurs, impressions tactiles, etc... Il ne concentre pas son attention sur des énoncés d'idées mais sur l'expérimentation dans son vécu des effets de ces idées. Il n'y a pas une démarche dans la gnose qui ne soit idéalement appuyée sur une vérification concrète, sur un senti par en-dedans de ses résonnances particulières. La dernière caractéristique enfin est la propension à la mise en miniature selon une tendance à l'inversion, où la valeur la plus grande est toujours assimilée au dernier contenu, au plus concentré des éléments. Le plus petit détail peut ainsi révéler le chiffre de tout l'univers, selon le principe qui dit que «tout ce qui est en-Haut est aussi en-Bas» et vice-versa. On retrouve semble-t-il cette structure quand il s'agit de déterminer les origines ou les racines de l'un ou l'autre mouvement: c'est celui dont les ramifications s'étendent le plus loin et sont les plus ténues qui a la chance d'avoir le plus de valeur. Les gnoses luttent ainsi entre elles pour reporter dans le passé le plus éloigné la source de la connaissance qu'elles ont pour mission de diffuser.

Chapitre VIII

FICHES D'INFORMATIONS
SUR QUELQUES GROUPES GNOSTIQUES
(parmi les plus connus dans nos milieux)

NOM DU GROUPE

A) FONDATEUR ET ORIGINES
B) DOCTRINE OU IDÉOLOGIE DE FOND
C) AUTRES CARACTÉRISTIQUES ET TRAITS MAJEURS
D) DIFFUSION ET ORGANISATION
E) PUBLICATIONS
F) QUESTIONS À POSER À CES GROUPES
G) RÉFÉRENCES POUR EN SAVOIR DAVANTAGE

Les groupes étudiés seront:

1) LES ROSICRUCIENS
2) ECKANKAR
3) L'ASSOCIATION POUR LA CONSCIENCE DE KRISHNA
4) LA MÉDITATION TRANSCENDANTALE
5) L'ÉGLISE DE SCIENTOLOGIE
6) LA FRATERNITÉ BLANCHE UNIVERSELLE
7) LA FONDATION URANTIA
8) LA FOI BAHA'IE
9) LA MISSION DE LA LUMIÈRE DIVINE
10) LES RAÉLIENS
11) LES ÉNERGIES

N.B. Il s'agit encore ici de quelques points d'informations qui pourraient avec avantage être complétés par les références que nous ajoutons à la fin de chacune des fiches.

L'ANCIEN ET MYSTIQUE ORDRE DE LA ROSE-CROIX (AMORC)

L'AMORC se présente comme une des plus anciennes organisations destinées à perpétuer la connaissance et la lumière, afin de conduire l'homme à sa véritable vocation. Ordre initiatique et traditionnel, l'AMORC vise à transmettre par voie expérimentale l'accès à la conscience intérieure et cosmique. À noter qu'il existe plusieurs mouvements rosicruciens dans le monde qui présentent un message différent et qui sont indépendants les uns des autres. Ici il ne sera question que du groupe AMORC.

A) Fondateur et origines

Le mouvement prendrait son origine dans les anciennes religions à mystères de l'Égypte, vers 1500 avant J.C., au moment de la disparition du continent Atlantide. Le fondateur serait le pharaon Akhénaton (Aménophis IV) qui a vécu vers 1350 avant J.C. Celui-ci aurait donné asile aux sages atlantéens, qui lui auraient transmis les connaissances ésotéro-occultistes de la civilisation disparue. En fait, on sait que ce pharaon a rétabli le monothéisme et institué un culte au soleil comme principe suprême et source universelle de l'énergie. L'Ordre se serait répandu en Grèce et à Rome, puis serait réapparu en Allemagne, au XIIe siècle. On considère que Christian Rosenkreuz en est le nouveau fondateur pour les temps modernes, au XIVe siècle, quoiqu'on tient généralement ce nom pour purement symbolique. Au XVIe siècle, une brochure (Fama fraternitatis) aurait valu à la Rose-Croix une diffusion considérable; la franc-maçonnerie, apparue au XVIIe siècle, lui a d'ailleurs emprunté plusieurs de ses symboles.

Il est difficile par conséquent de fixer des repères historiques précis à la question de ses origines, d'autant plus que le mouvement, selon ses adeptes, est soumis à un cycle de 108 ans d'activités et de 108 ans de sommeil. La date de résur-

gence actuelle est 1909, moment où les sociétés de théosophie et les organisations occultes gagnaient de la popularité
en Europe et aux États-Unis. C'est à cette date que Harvey
Spencer Lewis, un méthodiste américain, entre en contact
avec un ancien officier de l'Ordre en Inde, qui lui remet des
textes ayant appartenu à des anciens rosicruciens d'Amérique. Lewis est investi de la mission de réactiver le mouvement; il sera initié en Europe et recevra le titre d'Impera-
tor. Il fixera son quartier général à San Jose, Californie. À
son décès en 1930, son Fils Ralph Maxwell Lewis prend les
commandes et reçoit la permission de diffuser le mouvement
dans le monde entier.

B) Doctrine ou idéologie de fond

L'Ordre n'est pas une organisation religieuse ni une secte, mais un mouvement philosophique de fraternité, ouvert
à tous les groupements, apolitique et sans but lucratif. Il
s'emploie à combattre la superstition et le fanatisme. Tout
rosicrucien est un croyant, mais il s'adresse au Dieu de son
cœur et de sa religion. Cependant, il finit par adopter la
notion du mouvement qui fait de Dieu un être impersonnel, une centrale d'énergie cosmique. Le mouvement s'in-
téresse aux lois et aux principes de l'univers, de même qu'à
la connaissance initiatique. Une de ces lois privilégiée est
celle de la réincarnation. Le but ultime de la Rose-Croix est
de prendre le relais des Églises, car celles-ci ont fini de jouer
leur rôle. Leurs enseignements sont jugés trop simplistes
et ils s'appuient sur la foi, qui est une attitude primitive et
qui doit faire place à la connaissance ésotérique. Celle-ci est
présentée de façon graduée et constituée d'expériences que
chacun peut vérifier; chaque personne est en fait un laboratoire vivant où des faits, qui ont pour explication des plans
de réalités cachés à la masse, peuvent être expérimentés.
L'individu y apprend à cultiver la pensée positive, l'auto-
suggestion, la télépathie, la projection d'idées. Plus tard il
entrera dans d'autres dimensions: voyage astral, communication avec des esprits invisibles, contact avec le Maître
intérieur, etc...

C) Autres caractéristiques et traits majeurs

1. L'Ordre serait mandaté par le Christ lui-même, mais il faut distinguer entre le personnage historique et le Grand Esprit Christique apparu à diverses époques, sous plusieurs visages ou différentes incarnations. Ce Christ comme toute réalité divine est une substance cosmique; pour la Rose-Croix tout est naturel dans l'univers et destiné à être compris par les seules forces de la pensée humaine. Il est possible de trouver sur tout une explication qui satisfasse la logique innée à l'esprit humain.

2. Le mouvement n'est parrainé par aucun groupe politique, même si certains membres peuvent avoir des liens avec la franc-maçonnerie. Il n'y a, non plus, aucune allégeance personnelle à entretenir avec un gourou ou un maître instructeur.

3. La devise est: «La plus large tolérance dans la plus stricte indépendance.» Un mot d'ordre: «Harmonie avec l'ensemble du cosmos et maîtrise de soi.» En fait, hommes et femmes évoluent dans le mouvement dans la plus grande égalité. On y cultive les valeurs de liberté et les idéaux les plus nobles de l'humanité: justice, fraternité, promotion des arts, etc... L'Ordre conduit ses activités extérieures plus ouvertement qu'autrefois, qui sont faites de conférences, de publications, de rencontres d'informations.

4. Les enseignements sont les grandes vérités dites traditionnelles, soit les lois universelles découvertes depuis les temps anciens; leur approche n'est pas seulement théorique. Les sujets étudiés sont: la nature de la conscience, la conscience cosmique, les émotions, la volonté, l'éveil des forces créatrices, etc... Les effets produits sont décrits comme un plus grand pouvoir d'action, la coopération avec les lois cosmiques, l'élimination des effets négatifs de la vie en société. Grâce à ces techniques, l'individu devient son propre sauveur, il n'a plus besoin d'une rédemption offerte de l'extérieur.

5. Les initiations comportent plusieurs degrés et chacune est précédée d'une préparation, au cours de cérémonies secrètes (ou discrètes). On compte neuf initiations, plus trois degrés supplémentaires pour les «illuminati», les suprêmes clairvoyants. On se transmet alors un savoir secret, des mots de passe et des signes de reconnaissance. On est tenu alors à de sérieux engagements de loyauté et de discrétion.

D) Organisation et diffusion

On tient des soirées d'information suite à de la publicité affichée surtout dans les collèges et universités. La personne qui remplit le formulaire d'affiliation peut recevoir, avec un déboursé d'une centaine de dollars, un cours par correspondance. Elle recevra deux cours par mois avec des indications pour procéder à des expérimentations; elle est tenue là-dessus à la confidentialité. Un petit oratoire est confectionné à la maison (autel et miroir) où se tiendront les séances d'environ 90 minutes par semaine, de préférence le jeudi soir afin de communier aux exercices de concentration de tous les rosicruciens visibles et invisibles. Il est conseillé aux membres actifs de prendre part aux activités de la loge locale, pour une formation complémentaire. Trente membres peuvent constituer un Pronaos, quarante, un Chapitre et cinquante ou plus, une Loge. On se réunit dans un local dont l'architecture rappelle celle d'un temple égyptien.

Le siège suprême de l'Ordre est à San Jose, Californie, et les pays sont dirigés par de grandes loges nationales. On compte un seul groupe par ville, dont l'importance varie selon le nombre de ses membres. Le grand maître actuel pour les pays francophones est Raymond Bernard, qui siège au château d'Omonville en France. Le grand maître québécois est Yoland Guérard.

Il y aurait plus de six millions de rosicruciens dans le monde; au Québec, 26 centres intègrent environ 5000 adeptes. Plusieurs de ces membres finissent par créer, pour leur propre compte, de nombreux mouvements ou associations sous couverts de diverses étiquettes: cours de personnalité, ateliers de contrôle mental, écoles de sciences cosmiques, groupes d'énergies, etc... Bon nombre des mouvements apparus depuis 1970 viennent de là.

E) Publications

Plus de six millions de brochures envoyées dans le monde. On dispose aussi de conférences, de disques et cassettes, d'articles dans des revues et d'émissions à la télévision. Les rosicruciens possèdent également des musées, des laboratoires et une université.

F) Questions à poser au mouvement

La Rose-Croix se présente comme un mouvement qui n'a rien de religieux. Comment expliquer alors ses rituels, ses invocations, ses communications avec des entités spirituelles, ses temples? Comment aussi situer sa prétention de remplacer le christianisme? Comment interpréter également le fait que l'association se présente comme un égrégore spirituel, une sorte de corps mystique composé d'entités terrestres mais aussi d'esprits invisibles?

G) Références pour en savoir davantage

- Les présentes notes s'inspirent beaucoup d'un article de Marie-France James, dans l'*Informateur* du 5 sept. 1982, pages 11 et 15.

- Girault et Vernette, *op. cit.*, pages 500-501.

- Serge Huttin, *L'histoire des Rose-Croix*, Éd. G. Nizet, Paris, 1955.

- Dossier Pastorale Rive-sud, *op. cit.*, pages 99-105.

ECKANKAR OU LA SCIENCE DU VOYAGE DE L'ÂME

Consiste dans une technique spirituelle qui permet de trouver le chemin du ciel ici et maintenant, d'avoir accès à ce Pays lointain auquel tout être humain aspire au fond de soi.

A) Fondateur et origines

Les débuts se perdent dans la nuit des temps. Serait apparu sur Vénus, il y a 6 millions d'années et aurait inspiré les grandes civilisations disparues comme la Lémurie et l'Atlantide. Cette connaissance secrète aurait été utilisée et transmise par un ordre, celui des Avatars du Vaïragi. Elle est conservée dans un livre saint, le Shariyat-Ki-Sugmad qui est gardé dans les sept Temples de la Sagesse d'or, dont deux sont situés sur la terre (au Tibet et dans l'Hymalaya) et les autres sur Vénus et dans d'autres plans de la réalité.

Un américain, Paul Twitchell est initié aux techniques du voyage de l'âme lors d'un contact en France avec un Indien, Sudar Singh, qui l'invite à poursuivre en Inde sa formation. Il reçoit comme guide Rebazar Tarzs, né en 1461 et qui avait déjà été le conseiller spirituel de Christophe Colomb. Paul Twitchell reçoit le bâton de commandement Eck. Il écrira plusieurs ouvrages, dont une transcription des premiers chapitres du Shariyat-Ki-Sugmad. Il décède en 1971, après avoir introduit le mouvement en Amérique en 1965. Darwin Gross, un mennonite américain, rencontre en rêve au cours de son enfance un guide spirituel, qu'il identifiera plus tard comme étant Paul Twitchell. Celui-ci aura le temps de lui transmettre la connaissance de l'Ordre et lui donnera, avant de mourir, le manteau spirituel de Mahanta, qui faisait de Darwin Gross le 972e Maître Vivant. En 1981, c'est Harold Klemp, son successeur, qui sera élevé au rang de 973e Maître Vivant.

B) Doctrine ou idéologie de fond

Avec Eckankar on a sous les yeux un mélange d'éléments tirés des grandes religions, du christianisme et de l'hindouisme, de même que de l'occultisme, de la fiction et du merveilleux, aptes à satisfaire la démangeaison de nouveautés de notre époque. Eckankar prétend transmettre des vérités tenues cachées durant des siècles, maintenues sous le secret, en particulier par les Églises, dans le but de mieux contrôler les masses. Ces vérités permettent de retourner dès maintenant jusqu'à Dieu et surtout d'échapper au cycle des réincarnations. Elles constituent l'enseignement religieux le plus ancien, auquel les sages eurent accès, dont Rama, Krishna, Socrate, Platon et Jésus. La voie vers l'illumination qui y est tracée, les grands Maîtres Vivants viennent la compléter; le grand réveil spirituel qui secoue le monde est d'ailleurs redevable à l'action secrète de ces Maîtres toujours vivants, qui, comme Rebazar Tarzs, qui a vécu dans le même corps physique pendant 500 ans, choisissent de ne pas mourir pour guider le monde depuis les sept Temples de la Sagesse d'or.

On retrouve dans Eckankar tous les éléments de la gnose: panthéisme, vision moniste du monde où tout est esprit, occultisme. Dieu n'y est pas une personne mais un état qu'on est appelé à réaliser en soi, en se fusionnant dans le grand principe par lequel le divin passe dans le monde, la force Eck.

C) Autres caractéristiques

1. Eck est en fait le Saint-Esprit, le courant de vie tout entier hors duquel jaillissent les doctrines et croyances religieuses. Sa révélation produit un choc quand elle est accordée: elle n'est pas une accumulation d'études et d'informations, mais la totalité de la Sagesse, accessible ici et maintenant au bon vouloir du chéla (étudiant). C'est de cette connaissance que les religions se seraient emparées pour en faire

des dogmes de foi. Les religions ont perdu de leur énergie, mais Eckankar est demeuré inchangé depuis toujours.

2. L'étudiant apprend à entrer en contact avec le Verbe divin qui est le courant sonore qui s'exprime dans la création depuis le cœur même de Dieu, appelé Sugmad. Ce courant est une force vivifiante qu'on peut s'approprier par la pratique du mantra. Le courant de vie est aussi lumière.

3. Chaque pas sur cette voie de perfection est fait de manière volontaire; on y atteint la réalisation de soi en Dieu. Le pouvoir Eck peut alors rayonner à travers toute la personne. On apprend alors à faire la volonté de Dieu, en soumettant sa vie intérieure aux bons soins du Maître Vivant, le Maître intérieur sous sa forme radieuse, qui est en fait Darwin Gross ou son successeur. Ces Maîtres peuvent se rendre présents à toute personne et se substituer à Dieu.

4. Le chéla peut donc entrer dans le royaume de Dieu de son vivant. Le contact avec le pouvoir Eck le mène au-delà des régions de l'espace et du temps, où il prend contact avec la conscience divine totale. Il peut alors quitter son corps pour visiter la demeure astrale où il séjournera après ce que le commun des mortels appelle la mort. Le Maître est toujours disponible pour l'y guider, pourvu que le chéla veuille bien concentrer son esprit sur lui. En fait la mort n'existe pas, elle est un préjugé, un mythe engendré par la peur. Si on apprend à quitter son corps durant cette vie, il sera plus facile de s'envoler lorsque le temps de partir sera venu.

5. La loi de Dieu est impersonnelle dans son fonctionnement, comme la loi de l'électricité. Dieu ressemble davantage à une centrale d'énergie pure, à un tourbillon hors duquel émane l'Esprit. Ce sont les Maîtres qui possèdent les traits attribués traditionnellement à la divinité, soit l'omniscience, l'impeccabilité, l'omniprésence et la sainteté. On reconnaît ici le caractère idolâtrique du mouvement.

6. Il existe aussi une force négative, le Kal, qui pousse

l'adepte à s'attacher aux choses matérielles. Cette force s'acharne à troubler les communications entre le chéla et son Maître; elle le pousse également à quitter le mouvement.

7. Chaque âme est liée à plusieurs corps: le physique, l'astral, le causal où se situent les registres de toutes nos expériences passées et le mental ou inconscient. En se concentrant, le chéla arrive à passer de l'un à l'autre, à se déplacer à la vitesse de la lumière, à visiter d'autres mondes, comme firent, ajoute-t-on, François d'Assise et Padre Pio.

8. La moralité d'Eckankar ne comporte pas de péché ni de culpabilité, mais il existe pour elle le karma, la dette de ses erreurs dont il faut se libérer de sa propre initiative. Autres particularités, on permet l'avortement, car l'âme n'est infusée au corps qu'après la naissance; on favorise le contrôle de la sexualité et la réprobation des unions libres.

D) Diffusion et organisation

Eckankar est le mouvement occultiste le plus répandu aux USA; en 1979, il comptait déjà 50,000 initiés. Son siège central est à Memlo Park, en Californie. Il tient de nombreux séminaires régionaux et nationaux couronnés par un Congrès Mondial. Au Québec, sa croissance est une des meilleures au monde, avec 3500 eckistes intégrés dans 21 centres actifs, depuis 1975.

Eckankar tient des soirées d'information bien encadrées selon des techniques modernes d'animation. Les sujets abordés sont: la supériorité de la voie Eck, la nécessité d'un guide spirituel, le rêve et la sortie hors corps, la réincarnation, etc... On n'insiste pas cependant sur les rouages du fonctionnement du mouvement. Les personnes intéressées à poursuivre plus loin peuvent recevoir moyennant une centaine de dollars un cours par correspondance, à raison d'un envoi par mois. Après deux ans, le chéla peut recevoir le premier degré d'initiation. Parvenu au cinquième, il pourrait être éligible pour diriger lui-même un centre Eck. Diverses activités sont offertes par ces centres locaux: causeries, soirées de méditation, groupes d'échanges, etc... Pendant son cheminement, il est conseillé au membre de ne pas trop chercher à en savoir davantage, mais de s'en remettre en tout à l'action du Maître Eck, sur lequel il doit tenir sa pensée constamment concentrée.

E) Publications du mouvement

Il existe plusieurs ouvrages publiés par les maîtres récents:

— *The Flute of God, The Tiger's Fang,* et *Eckankar, The Key to secret Worlds,* de Paul Twitchell.

— *Your Right to Know* (Votre droit de savoir) de Darwin Gross, dont on a fait une large diffusion.

— *The Wind of Change,* de Harold Klemp.

— Une revue québécoise: *Reflets de l'Infini.*

F) Questions à poser au mouvement

Des enquêtes sur les origines du mouvement aux USA qui ont été rapportées dans un ouvrage *The Making of a Spiritual Movement: The untold story of Paul Twitchell and Eckankar* produit par le département des sciences religieuses de l'université de Californie en 1978, de même que dans une revue intitulée SPC Journal sous le titre de *A hard look at a new religion,* font état d'irrégularités dans la transmission de l'autorité de Paul Twitchell à Darwin Gross et de ce dernier à Harold Klemp.

Comment accepter l'attitude de soumission totale, d'absence de réaction critique et même d'idolâtrie exigée par le mouvement vis-à-vis des personnes qui ont toutes les apparences d'arrivistes et de fumistes? Mesure-t-on tous les dangers d'aliénation qui accompagnent la remise complète de sa vie à des soi-disant Maîtres, à qui serait permis l'accès en tout temps à sa subjectivité profonde et au centre de ses décisions intimes?

G) Références pour en savoir davantage

— Marie-France James, *La vérité sur Eckankar*, Revue *Lumière et Paix*, juillet 1982, pages 21-27.

— Dossier Pastorale Rive-sud, *op. cit.*, pages 139-146.

— Une étude fouillée du mouvement faite par Roland Chagnon, dans: *Trois nouvelles religions de la lumière et du son*, Éditions Paulines, Montréal, 1985, pages 53 à 96.

ASSOCIATION INTERNATIONALE POUR LA CONSCIENCE DE KRISHNA (A.I.C.K.)

Mouvement sectaire à l'intérieur de l'hindouisme, qui a ses sources au Bengale, au XVe siècle. Il consiste à faire de Krishna, jusque là un dieu parmi d'autres, le Dieu suprême. Selon l'authentique tradition hindoue, Krishna ne serait qu'un avatar ou une réincarnation de Vishnou, qui est avec Brahma et Civa, membre de la trinité divine.

A) Fondateur et origines

Bhaktivedanta Swami Prabhupada, un descendant d'une lignée de maîtres spirituels prônant la divinité exclusive de Krishna, suite à une interprétation sectaire des Livres Sacrés de l'hindouisme, les Védas, arrive aux USA en 1965, armé seulement de quelques roupies et de ses livres saints. Il prêche quelques années sa doctrine par l'exemple et la parole, fait connaître à l'Amérique, en mal de nouveauté, le Bhakti-Yoga. C'est le yoga de la dévotion à Krishna qui consiste non en des exercices corporels, mais à rendre un culte à cette divinité. En 1972, il édite en anglais le Bhagavat-Gita où sont rappelés les exploits du Seigneur Krishna. En 1975, on peut déjà compter 80 centres du mouvement Hare Krishna dans le monde: il est aussi fortement installé en Amérique. Le fondateur, devenu moine en 1959 et qui se faisait appeler le «Maître aux pieds duquel s'inclinent tous les autres», décédera en 1977 et laissera derrière lui plus de 5000 adeptes.

B) Doctrine ou idéologie de fond

L'idée de fond est celle de la divinité absolue de Krishna. Les âmes individuelles de tous les humains sont des fragments de cette divinité, tous frères et sœurs par conséquent. La voie pour connaître Krishna est le bhakti-yoga, une voie spirituelle simple qui permet le perfectionnement de soi et la réalisation de Dieu dans les temps présents. On peut briser le cycle des réincarnations auquel tout être humain est soumis, par la méditation de la doctrine, mais aussi par la soumission totale à l'amour de Krishna, le sauveur. La personne qui est avant tout une nature spirituelle et éternelle, devient ainsi une servante de Krishna et peut le rejoindre immédiatement après sa mort, au lieu de se réincarner pour compléter son karma. La pratique de la dévotion, faite de quelques rites d'adoration du dieu et du maître, de chants et de récitation de formules sacrées, est la voie privilégiée du salut.

C) Caractéristiques générales et traits majeurs

1. Les adeptes sont des enthousiastes, car le culte à Krishna remplit de joie. La voie du salut est la récitation du mantra ou formulaire sacré de prière à Krishna, à la fréquence de 1728 fois par jour. On le fait en dansant ou en le ruminant doucement. Ce mantra est composé de 16 mots dédiés à Krishna/Rama.

2. Krishna est le visage le plus pur de la divinité, du mystère divin insondable et unique. Les épopées des incarnations de Krishna et de Rama sont consignées dans des

œuvres écrites sur une période de six ou sept siècles, le Ramayana et le Mahabharata. Ces récits atteignent un sommet inégalé dans la section intitulée le «Chant du bienheureux Krishna», écrit autour du second ou premier siècle avant notre ère, soit le Bhagavat-Gita. Cette divinité est présentée là comme surpassant toutes les autres du panthéon indien, soit Brahma et son pendant féminin Sarasvati, les créateurs, Vishnou et Lakmé, les restaurateurs, Civa et Kali, les destructeurs.

3. Pour apprendre la révélation de ce mystère, il faut se soumettre totalement au maître spirituel. Un code sévère de détachement de toutes les contingences ou attachements matériels de même qu'affectifs est alors adopté. On commence une période de vie communautaire dans un ashram. On y pratique le rejet des valeurs intellectuelles, car tout le vécu possible est déjà prévu, écrit et connu. On rejette aussi toute la science actuelle car les réponses aux problèmes du monde sont déjà contenues dans les livres sacrés.

4. L'humanité vit actuellement dans le quatrième âge du monde, l'époque noire de Kali, la déesse de la destruction. Le monde à venir vers lequel il faut aspirer est fait de l'extinction des âmes individuelles, qui seront arrivées à se purifier par la dévotion à krishna et à se plonger dans l'englobant suprême et unique de sa divinité.

5. Le climat de vie dans les ashrams va créer à la longue, avec la privation de nourriture et de sommeil, un état de dépendance physique et psychique que certains ont nommé un état de transe permanente. Le dévot est occupé à tout instant de la journée; il se lève très tôt (vers 3h30 du matin), suit des sessions doctrinales et est initié aux techniques de la propagande. Toute pensée personnelle et toute évaluation critique doivent être repoussées. On fait aussi une lecture assidue des textes sacrés.

6. On pratique le sexisme, car la femme est jugée moins apte à la réalisation spirituelle, étant plus «concupiscente»

que l'homme. Celle-ci doit se contenter des travaux ménagers et de la présence auprès des enfants.

7. Les adeptes doivent couper d'avec leur famille tout lien affectif. L'engagement social est jugé inutile, sauf pour faire de nouveaux adeptes. On prêche plutôt le retour à la culture de la terre, comme un remède miracle aux problèmes économiques. On rejette également la démocratie en faveur d'une monarchie éclairée; on est en faveur de l'établissement d'une hiérarchie sociale stricte, faite de castes ou de classes de citoyens comme en Inde.

8. La morale imposée est rigoureuse: pas de viande ni d'excitants comme le thé et le café. On pratique le jeûne et la continence pour éviter le plaisir; pour s'aider à y parvenir, on récite comme des robots le mantra. Toute nourriture sera offerte à Krishna.

D) Organisation et diffusion

Le mouvement est organisé sous forme de multiples communautés. Les cadres sécurisants qui y règnent, créent des personnalités faibles. L'absence de responsabilités, les rapports affectifs et émotionnels étant satisfaits par les liens créés avec les forces supérieures et avec le Maître, tous ces éléments modèlent des êtres parfaitement malléables et dociles.

L'association est répandue dans 30 pays et vise surtout des jeunes en mal de rupture avec leur milieu social.

E) Publications

Les livres que les jeunes adeptes offrent au public avec des bâtons d'encens ou d'autres babioles, sont le Bhagavat-Gita et le Srimad-Bhagavatam. Un périodique intitulé *Back to Godhead, Retour à la divinité,* est publié à un million d'exemplaires en anglais et à 50,000 en français.

F) Questions à poser au mouvement

Comment est-il possible d'accepter aujourd'hui la situation faite à la femme, considérée dans ce mouvement comme un être inférieur? Comment croire également qu'on peut arriver à la perfection de la vie spirituelle en abdiquant tout jugement personnel et toute initiative de liberté, dans l'entière soumission à un maître, dont le mouvement a déjà servi de couverture au trafic de la drogue?

G) Pour en savoir davantage

— Alain Woodrow, *op. cit.*, pages 45-50 à 73-77; 102-106.

— Revue *Fêtes et Saisons*, n° 305, année 1976.

— Dossier Pastorale Rive-sud, *op. cit.*, pages 131-136.

— «Krishna connection», *Les sectes et la drogue*, Jeffrey Steinberg, fasc. *Guerre à la drogue*, 1975.

LA MÉDITATION TRANSCENDANTALE OU LA SCIENCE DE L'INTELLIGENCE CRÉATRICE

Cette association n'est pas une gnose car elle ne transmet qu'une technique de relaxation, mais ses principes et son inspiration viennent en ligne directe de la philosophie hindouiste, où l'on reconnaît facilement des éléments gnostiques.

A) Fondateur et origines

Le fondateur est Maharishi Mahesh Yogi, né en 1920 et arrivé aux USA dans les années soixante; on se souvient qu'il a été popularisé par les Beatles. Maharishi avait été disciple de guru Dev, le célèbre Swami B. Sarasvati, auprès de qui il avait passé plusieurs années. C'est de lui qu'il a reçu, comme un véritable trésor, la technique de la méditation transcendantale. Il veut désormais transmettre sa propre conviction, à savoir que si les humains, grâce à cette technique, méditaient deux fois par jour, l'humanité arriverait rapidement à la paix, car en se plongeant dans son Moi profond, on peut arriver à toucher l'Absolu.

B) Doctrine et idéologie de fond

La méditation transcendantale est en fait une technique très simple qui peut s'apprendre en quelques minutes. Elle n'est liée comme le yoga à aucune religion, bien qu'elle s'inspire de la mentalité hindouiste. La cérémonie d'initiation comporte cependant une prosternation devant la divinité, ici, le gourou Shankara, fondateur de l'hindouisme comme religion codifiée. La M.T. se veut une simple technique physiologique ou psychologique, une méthode de relaxation qui peut servir aussi à la prière.

Il n'y a pas de doctrine particulière ni de morale qui en découle. Elle vise à développer, selon la publicité du mouvement, le rendement professionnel et l'intelligence; elle facilite les relations humaines, diminue l'anxiété et la nervosité, augmente la perspicacité et la confiance en soi; de plus, elle rend plus résistant aux maladies, calme les insomnies, permet de réduire la consommation d'alcool, etc..., car elle favorise une baisse de la consommation d'oxygène, une diminution du rythme cardiaque et une stabilité des ondes cérébrales. Tous ces effets ont été, semble-t-il, vérifiés et constatés en laboratoire, à l'occasion de travaux que la méthode a suscités dans plusieurs universités du monde.

Une conviction de fond qui soutient la promotion de cette technique, c'est que le cerveau humain n'utilise que de 5 à 10% de son potentiel. Le but de la M.T. est d'amener l'esprit vers les zones inconscientes de la pensée.

C) Autres caractéristiques

1. La technique consiste à assigner un «mantra» personnel au débutant qui devra y méditer vingt minutes, soir et matin. Le mantra (la particule «man» désigne l'activité mentale et «tra» évoque un instrument), est dans l'hindouisme le synonyme de formule rituelle pour saluer la divinité. Elle a comme caractéristique d'être rythmée et réduite à quelques monosyllabes. On décrit le mantra comme «un son dépourvu de signification, mais possédant des qualités vibratoires particulières». Cette influence vibratoire (le son est divin dans l'hindouisme) du son sur l'esprit va réduire l'activité mentale, la distraction et va contribuer à éliminer le stress.

2. La répétition du mantra permet de dépasser sans effort les états de veille ou d'attention au monde, de sommeil et de rêve, pour entrer dans l'état de simple conscience, c'est-à-dire de présence à l'Absolu. On s'en approche en laissant derrière soi tout ce qui est relatif. Cet absolu n'est pas nécessairement Dieu, comme dans le bouddhisme où le plus célèbre mantra est «Om Mani Padme Hum» qu'on appelle le «pilier de diamant dans la fleur d'or» (il s'agit ici d'un résumé de l'univers: om/blanc désigne le monde céleste; ma/bleu, la demeure des esprits; ni/jaune, la sphère humaine; pad/vert, le règne animal; me/rouge, le monde des fantômes; hum/noir, les enfers).

3. Cette technique est devenue très populaire. Elle est même utilisée dans les monastères chrétiens, où l'on a soin de l'épurer de son fond hindouiste, en dissociant le Soi de l'Absolu.

D) Diffusion et organisation

Il y aurait actuellement un million de personnes qui pratiquent la M.T. dans le monde, dont 500,000 aux USA. La méthode est enseignée dans 3600 centres, dirigés par 4000 gouverneurs de l'ère de l'illumination et par 14,000 professeurs. Au Québec, on compterait environ 35,000 pratiquants.

E) Questions à poser au groupe

Certaines écoles américaines interdisent l'enseignement de la M.T. dans leurs murs car, dit-on, elle encourage la fuite du monde et des responsabilités, à la manière d'une drogue.

Plus grave est l'accusation d'une tentative de divinisation des individus, en lien avec ses origines hindouistes. Le rituel d'initiation dit bien: «Je reconnais que Gourou est Brahman, qu'il est Vishnu... qu'il est dieu, que dieu est le cosmos répandu sur tout l'univers; je reconnais que je suis CELA...» «Je salue ce Gourou qui, avec le trait de l'onguent de la connaissance a ouvert l'œil de la personne aveuglée, à cause de l'ignorance.» En somme, prendre conscience qu'on est Brahma, qu'on est gourou, qu'on est dieu, voilà l'onguent de la connaissance dont parle le rituel.

F) Références pour en savoir davantage

— Alain Woodrow, *op. cit.*, pages 65-68 (plusieurs citations de cette fiche viennent de cet auteur).
— Dossier Pastorale Rive-sud, *op. cit.*, pages 263-273.

L'ÉGLISE DE SCIENTOLOGIE OU (depuis 1978) L'ÉGLISE DE LA NOUVELLE COMPRÉHENSION

A) Fondateur et origines

Un ingénieur qui a fait de la science-fiction pour gagner sa vie, Lafayette Ronald Hubbard, né dans le Montana en 1911, est préoccupé, selon la publicité officielle, par la réalisation spirituelle de l'homme. À la suite de voyages en

Extrême-Orient, il constate comment à l'Est comme à l'Ouest, la connaissance n'est pas mise au service de l'individu. En fait, il aurait déclaré peu après la guerre, en 1946, que si quelqu'un voulait faire des dollars, le mieux serait pour lui de fonder une église... Il va publier un livre en 1950 que plusieurs considèrent comme le prolongement de ses ouvrages de science-fiction: «La dianétique ou la science de la santé mentale.» La dianétique se veut une technique de guérison spirituelle basée sur la conviction que tous les troubles psychologiques qui affectent la personne sont causés par des impressions enregistrées par le fœtus avant sa naissance, appelées «engrammes».

B) Doctrine ou idéologie de fond

L'Église de Scientologie, fondée en 1954, a pour but d'apprendre aux gens à connaître comment connaître. Il s'agit d'une véritable religion, au sens traditionnel, qui vise à étudier la sagesse, à conduire la personne à une meilleure connaissance d'elle-même et à entrer en harmonie avec les autres, le monde et l'Être Suprême. L'application de la connaissance par des techniques concrètes aura pour effet d'améliorer la confiance des individus, d'accroître leur intelligence, leurs habiletés et de les conduire vers plus de liberté spirituelle. C'est par leurs propres forces que cette croissance est accessible aux fidèles. Leur âme ou «thétan», aidée par un ministre du culte, pourra avoir accès à la conscience spirituelle totale, jusqu'à Dieu. L'âme, car nous sommes foncièrement des esprits, est immortelle et se réincarne; d'où la possibilité et la nécessité, pour elle, de se purifier continuellement.

Cette religion est dite «naturelle»; elle ne nomme pas de Dieu en particulier, mais laisse à chacun le soin de le découvrir. Des ministres y reçoivent les fidèles dans des temples où il est possible de se marier comme d'avoir ses funérailles. On y offre les conseils dianétiques (confessions) et les conseils pastoraux qu'on nomme «auditions». De nouveaux ministres peuvent y être également ordonnés.

C) Autres caractéristiques

1. Il s'agit en fait d'un mouvement gnostique où se mêlent des apports variés venant de l'hindouisme, du christianisme et d'autres religions. Le fondateur est devenu le cerveau et le guide d'une véritable Église. Il a contact avec ses ouailles du monde entier grâce à des sermons préenregistrés et diffusés partout.

2. La technique de l'audition où l'auditeur, un guide ayant reçu une formation adéquate, pose les questions qui remettront la personne en contact avec ses bloquages, utilise un appareil, sorte de détecteur de mensonge, l'électromètre, grâce auquel on peut diagnostiquer et localiser ses zones de détresse spirituelle. On devient «clair», c'est-à-dire libéré mentalement, quand on peut reprendre contrôle de son développement spirituel. Il en coûte cependant environ 5000$ pour y parvenir et il reste plusieurs autres étapes à parcourir.

3. On y préconise aussi des techniques de purification des séquelles laissées par l'usage de la drogue, grâce à des saunas; on s'occupe aussi de la réhabilitation des drogués, des criminels et de la protection des personnes âgées.

4. L'adepte signe, en entrant, un contrat pour un milliard d'années (à cause de la réincarnation). S'il manque à ses engagements, il perd, dit-on, son statut d'existant. On exerce sur lui une répression faite de l'interdiction de se laver, de se raser et de porter des vêtements neufs.

5. Le fondateur reçoit, à partir de son yacht géant «Apollo», 1,5% des revenus qu'il perçoit sur les activités du mouvement. Il a été condamné à Paris en 1978 pour évasion fiscale, d'où le changement de nom de l'association depuis.

D) Diffusion et organisation

L'organisation est pyramidale et très autoritaire. On vise les gens des classes moyennes qui n'ont pas de formation au plan philosophique ou spirituel et qui sont attirés par le caractère scientifique du mouvement. On leur offre un test de personnalité gratuit, suivi d'une proposition de suivre quelques cours d'audition. Il en coûte beaucoup d'argent pour faire le cheminement de libération spirituelle jusqu'au bout; de nombreuses promesses ne se réalisent malheureusement pas.

Malgré ces déficiences, le mouvement s'accroît très vite. La publicité officielle fait état de la fondation de 60 nouvelles églises et de 130 missions en cinq ans. Entre 1983 et 1984, l'augmentation des admissions de nouveaux membres fut de 40,2%. On en compte près de deux millions dans le monde, dont 60,000 aux USA et 4000 au Québec.

E) Publications

Le livre de base est: *La dianétique, la science moderne de la santé mentale.* Sur ce sujet, où la psychanalyse moderne est contestée par l'auteur, celui-ci aurait écrit 600 articles et prononcé 3000 entretiens.

On y publie une revue *Justice et liberté*, de même qu'une abondante quantité de feuillets publicitaires et prospectus.

F) Références pour en savoir davantage

- Alain Woodrow, *op. cit.*, pages 54-57; 113-115; 131-33; 183-84.

- Revue *Historia*, n° 182 (bis), 1978.

- Dossier Pastorale Rive-sud, *op. cit.*, pages 169-173.

- Roland Chagnon, *La scientologie, une nouvelle religion de la puissance*, HMH, Hurtubise, Cahiers du Québec, Montréal, 1985.

172

LA FRATERNITÉ BLANCHE UNIVERSELLE

A) Fondateur et origines

Le groupe est issu de l'enseignement du Maître bulgare Peter Deunov, né en 1900, sur l'auguste fraternité blanche, un organisme constitué d'êtres parfaits, supérieurement avancés, qui ont pris part à la création du cosmos et qui le dirigent maintenant sous la conduite de l'Auguste Esprit Divin. Sur la terre, en lien avec la Fraternité invisible et formant avec elle un égrégore, une sorte de Corps Mystique, la connaissance est détenue par une Loge de savants initiés, dont la science dépasse les connaissances conventionnelles et qui ont un rayonnement cosmique. La Fraternité Blanche Universelle est une collectivité vivante qui inclut des Maîtres cosmiques et des guides qui ne sont pas totalement visibles aux humains, mais avec qui on peut se lier par les liens de l'esprit.

À la mort de Peter Deunov, Omraam Mikhaël Aïvanhov, un disciple qui l'avait connu étant adolescent, va continuer de diffuser sa pensée à travers sa propre École Divine. Le maître Deunov avait en fait remis en lumière les enseignements d'une ancienne secte bulgare, apparue au Xe siècle et qui était analogue à celle des Cathares et des Albigeois, en France, les Bogomiles. Ce groupe répudié par l'Église orthodoxe niait la Trinité chrétienne de même que la nature humaine du Christ, celui-ci n'ayant pris qu'une apparence d'homme (docétisme). Elle se donnait comme objectif de rassembler les êtres les plus parfaits, les initiés, pour les soustraire à la condition de la masse et former avec eux une famille qui déborde les cadres terrestres.

Omraam Mikhaël Aïvanhov, l'archange Saint-Michel, deviendra le Grand Maître de l'ordre, chargé de former la nouvelle race humaine et de préparer la nouvelle ère, celle de la religion universelle. Il fixera son siège central dans le sud de la France, sur le domaine du Bonfin.

B) Doctrine et idéologie de fond

Il s'agit d'un enseignement ésotérique, initiatique et syncrétique où est tentée une synthèse entre les principes de l'hindouisme, du bouddhisme et du christianisme. S'y mêlent des éléments tirés du théosophisme et de l'occultisme.

Tout l'univers est vu comme une donnée symbolique: la connaissance part moins des livres que de l'intuition de ces symboles. Grâce à leur saisie, on peut relier ensemble tous les mondes, ceux de la science, de l'art, de la religion, etc... L'homme peut également retrouver en lui tout le cosmos et en expérimenter l'harmonie. La F.B.U. veut favoriser une nouvelle vie faite de la pleine santé, de la paix, de l'harmonie, de la richesse, de la créativité et des liens de compréhension et d'amour entre tous les êtres.

À la fraternité blanche s'oppose une autre loge composée d'êtres intelligents, mais qui n'ont pas compris le sens profond de la vie et qui poursuivent leurs fins égocentriques. Il s'agit de la fraternité noire, source de tout le mal dans le monde.

C) Autres caractéristiques

1. La «paneurythmie» est une technique de guérison qui consiste en une série de mouvements rythmés par le chant, qui est destinée à harmoniser les forces électromagnétiques dans le corps humain. L'adepte apprend aussi comment puiser les forces du soleil, en le contemplant à son lever. On les reconnaît souvent à ce qu'ils s'exposent au soleil très tôt le matin dès l'aurore. Par la méditation, on peut se lier avec l'Esprit Christique qui est partout diffus dans l'univers.

2. On fait grand usage de pièces musicales et de chants dont le Maître lui-même a réglé les qualités vibratoires. Les réunions de la F.B.U. se font en présence de l'icône de Mikhaël.

3. C'est la réincarnation, qu'on affirme avoir été un principe admis par les écrivains bibliques, qui est la réponse apportée au problème du mal dans le monde et de l'inégalité entre les êtres.

D) Publications

Le maître Omraam Mikhaël Aïvanhov a publié aux Éditions «Prosveta» seize volumes et plus de 200 brochures très largement diffusées. La F.B.U. est souvent présente aux Salons du Livre, où elle offre son abondante littérature.

E) Références pour en savoir davantage

— Girault et Vernette, *op. cit.*, page 491.

— Richard Bergeron, *op. cit.*, page 165.

— Marie-France James, *La Fraternité Blanche Universelle*, journal l'*Informateur*, 8 septembre 1985, page 14.

LA URANTIA FOUNDATION
qui édite LE LIVRE D'URANTIA
ou LA COSMOGONIE D'URANTIA

A) Fondateur et origines

Un médecin de Chicago, le Dr William S. Sadler (1875-1969) se rend au chevet d'un malade qui parle dans son sommeil. Il collige ses messages qui sont des présumées révélations, dictées par des personnalités célestes, à partir d'un système perfectionné d'archives contenant toutes les données sur les origines du cosmos. Le médecin, de religion adventiste et vulgarisateur scientifique, va prendre note pendant 25 ans de ces révélations, en posant à son patient des questions pour éclaircissement, quand nécessaire. Le livre aurait été complété en 1934, mais il a fallu attendre la permission des personnalités célestes pour le publier en 1955. Il appartient maintenant à la Urantia Foundation de Chicago, qui contrôle la formation de groupes urantiens dans le monde.

B) Doctrine et idéologie de fond

Il s'agit d'une révélation qui vient corriger la Bible et la compléter sur les questions de l'origine du cosmos, son organisation et les débuts de l'homme. Elle aurait été dictée à une personne-contact par douze médians, des êtres immortels et invisibles, témoins de l'histoire de l'humanité. En fait, c'est la cinquième de ces révélations qui est ainsi faite à la terre. La première aurait eu lieu il y a 5 millions d'années, la seconde à Adam et Ève (35,000 ans), la troisième à Melchisédek en 1973 avant Jésus Christ et la quatrième à Jésus lui-même.

Le livre *Urantia Book* comprend 2097 pages et il est édité depuis 1955. Le *Livre d'Urantia* est la traduction française de Jacques Weiss, publiée en 1982, qui est la réimpression de la Cosmogonie d'Urantia, éditée en trois volumes en 1961. Il est composé de 196 fascicules, répartis sur quatre blocs. Les trois premiers portent une autorisation venant d'une commission de Nébadon, composée de douze membres sous la direction de Mantutia Melchisédek. Le quatrième a été composé par la confraternité des Médians de la planète Urantia, la capitale de notre univers et supervisé par un directeur de l'ordre des Melchisédek. Avec une foule d'êtres célestes présents sur la terre aux temps de Jésus et qui auraient collaboré à cet ouvrage, il présente un complément aux évangiles, sur la vie de Jésus. Celui-ci ne serait que le 611,121e fils de Michaël, qui procède de Dieu le Père et de son Fils, qui aurait créé notre univers local et qui préside maintenant à sa destinée.

Les quatre parties de ce livre sont les suivantes: 1. l'Univers central et les superunivers; 2. l'Univers local; 3. l'Histoire d'Urantia; 4. la Vie et les enseignements de Jésus. Les trois premiers volumes contiennent une description de l'ensemble des univers physiques et une présentation hiérarchisée des personnalités divines. Jésus (Christ Michaël) est un fils créateur conçu conjointement par le Père universel et le Fils éternel. Il a commencé sa carrière il y a 400 milliards d'années. Son incarnation sur la terre constitue sa septième effusion, les six premières ayant été réalisées à des niveaux de vie supérieure, par ordre descendant.

La vie cachée de Jésus est racontée avec profusion de détails, année par année, jusqu'à sa maturité. Son ministère public est décrit longuement sur six cents pages. Des textes évangéliques sont intégrés sans références, intacts, altérés ou complétés à l'aide des archives célestes, puis interprétés dans l'esprit du livre.

C) Autres caractéristiques

Le livre contient une théorie sur la révélation. Il existe selon les auteurs deux types différents de révélations:

L'une qui résulte de l'action de l'Ajusteur de pensée, qui habite à l'intérieur de l'homme, sorte de guide qui préside à l'éclairage intime et à une autorévélation de l'homme spirituel.

L'autre, dite épochale, qui est présentée par l'intermédiaire de quelques médians (êtres célestes qui président aux communications entre le monde spirituel et matériel) ou d'agents célestes.

Dans la révélation personnelle, on a l'action d'une entité personnelle, qui est un fragment de Dieu le Père et qui habite la pensée de l'homme. Dans l'autre, il s'agit d'un apport de vérités venant de l'extérieur et manifestant des données tout à fait neuves. De part et d'autre, il s'agit d'une dictée, d'une rédaction élaborée par des êtres invisibles, une sorte de cours magistral qui tombe sur la terre, enseigné depuis les mondes extérieurs.

D) Questions à poser à ces groupes

Il y a dans cette conception de la révélation une diffé-
rence fondamentale d'avec la révélation chrétienne telle
qu'elle est présentée par la longue tradition de l'Église. C'est
d'abord dans l'histoire que Dieu agit; puis vient l'aide de
l'Esprit Saint qui éclaire le partage et l'interprétation que
font les croyants de l'événement vécu. Vient, à la fin seulement, la rédaction dans les Écritures, qui ne contiennent pas
toute la révélation, car une partie du message reste pour la
tradition orale. Cette Écriture est assurée de transmettre la
vérité de Dieu mais non de l'innerrance, i.e. de l'absence
totale d'erreur sur des points de détails, étant une rédaction humaine.

Dans le Livre d'Urantia, au contraire, tout est clair et précis; il y a des réponses à toutes les questions. Son origine
est décrochée de notre histoire: comment peut-on vérifier
en effet des données si éloignées dans le temps? On peut
y discerner le désir de cerner le mystère de Dieu et de l'au-
delà, de l'enfermer dans le cadre de nos structures menta-
les modernes, de notre langage et de nos expériences humaines limitées et restreintes. De plus, le Jésus qui y est décrit
est curieusement très occidentalisé: il est du type américain
moyen, qui organise en Palestine des comités masculins et
féminins, des séances de consultation et des sessions de formation. Il y a là une projection évidente des cadres de vie
de l'Amérique, vers les années 1930.

Conclusion: «Une clarté qui croit faire estomper des
mystères et répondre à des questions sans réponse, peut
donner l'impression de sécurité. Elle est cependant dangereuse et peut jouer de mauvais tours: elle coupe de la réalité mouvante, complexe et souvent obscure de l'histoire,
elle ne tient pas compte de la réalité mystérieuse de Dieu
qui invite davantage au silence qu'à la parole. Le clair-obscur
est préférable à une clarté qui tente d'évacuer le mystère»
(Gertrude Giroux, bibliste).

E) Références pour en savoir davantage

— Richard Bergeron, *op. cit.*, page 173.

— Marie-France James, *Une nouvelle Bible à la mode, l'énigmatique Livre d'Urantia*, journal l'*Informateur*, 27 février 1983, page 10.

— Gertrude Giroux, *À propos de The Urantia Book*, document de Socabi, 1982 (la présente fiche a puisé abondamment dans ce document).

LA FOI BAHA'IE

Il ne s'agit pas d'une gnose à proprement parler, mais d'une secte à l'intérieur de la religion schiite musulmane. Les points qui peuvent l'apparenter à la gnose sont le syncrétisme, l'idée que toutes les religions s'équivalent et celle des cycles cosmiques de la révélation.

A) Fondateur et origines

En 1844, en Iran, un jeune marchand appelé Bab (la Porte) annonce la venue prochaine du Grand Éducateur des peuples. Il sera persécuté et mis à mort. En 1863, un disciple, Husayn Ali, parmi ceux qui attendent le Maître, prend le nom de Baha'u'ullah (la gloire de Dieu) et se dit le Prophète envoyé et attendu. Il mourra après quarante années d'emprisonnement et d'exil en 1892. Il laisse des écrits qui seront considérés comme sacrés. Baha'u'ullah n'a pas fait beaucoup de disciples; c'est son fils Abdul-Baha (1844-1921) qui a fondé le groupe des Baha'is en Amérique et en Europe, entre 1910 et 1920. Un petit-fils, Shoghi-Effendi, prendra la relève jusqu'en 1957; avec lui la foi Baha'ie va s'étendre à travers le monde.

Cette foi s'appuie sur les écrits de Baha'u'ullah qui se disait inspiré de Dieu. La religion qu'il a fondée est indépendante des autres, avec sa propre révélation. On considère que toutes les religions sont bonnes, qu'elles procèdent toutes de la même source divine, si on veut bien les regarder au-delà de leurs dogmes particuliers. Puisque Dieu est l'Inconnaissable et qu'il est tout à fait inaccessible à l'esprit humain, il prend l'initiative de se révéler lui-même de manière progressive, continue, limitée et adaptée aux différentes époques. Chaque révélation est relative par conséquent à la précédente et vaut autant qu'elle.

B) Doctrine ou idéologie de fond

L'humanité aspire à l'unité et à la fraternité; c'est lorsque ces idéaux apparaîtront que le Royaume de Dieu naîtra. Il y a des chaînes de révélations qui se déroulent au long de l'histoire: la judéo-chrétienne, l'hindouiste, la bouddhiste, l'islamique. Baha'u'ullah est un messager de Dieu au même titre que les prophètes antérieurs Abraham, Moïse, Jésus ou Mahomet. Il est courant de dire que Moïse a été le bouton, Jésus la fleur et Baha'u'ullah le fruit des diverses révélations apparues au cours des âges. Et il n'est pas le dernier; d'autres viendront au cours des siècles.

Le but du mouvement est l'établissement d'une communauté mondiale où toutes les races, nations, classes, sont égales et parfaitement unies, car la race humaine est fondamentalement une. Il faut qu'un jour tous les hommes deviennent comme les feuilles d'un même arbre.

C) Caractéristiques générales

1. Un baha'i, c'est quelqu'un qui aime l'humanité et qui travaille pour la paix. On peut être baha'i sans jamais avoir entendu parler de Baha'u'ullah.

2. Cette religion ne comporte aucun clergé, ni église, ni culte, ni dogme, sauf celui de l'unicité de Dieu. Le croyant doit prier au moins trois fois par jour dont une fois, obliga-

toirement. On suit un calendrier de 19 mois de 19 jours. On pratique un grand jeûne annuel, du 2 au 21 mars de chaque année.

3. Il y a cinq grands temples dans le monde: Wilmette à Chicago, Kampala en Ouganda, Francfort en Allemagne, Sydney en Australie et Panama City. Le centre mondial se trouve au Mont-Carmel en Galilée.

4. Le mouvement est démocratique; un collège de neuf membres élus administre le pouvoir législatif. On ne fait aucun prosélytisme ou propagande insistante. On se contente de faire de la publicité dans les revues à grand tirage et on prêche par l'exemple. On témoigne de beaucoup de tolérance et de respect envers les autres croyances. On veut offrir une image de ce que sera la communauté mondiale de demain.

5. On refuse le divorce, mais après une période d'une année de vérification, si le lien ne peut être refait, on reconnaît l'échec du mariage. Au plan moral, on est strict sur la consommation d'alcool ou l'usage de la drogue: aucun n'est permis. On ne tolère pas non plus le jeu. La conduite doit être irréprochable; on cultive la simplicité de vie, la pureté du corps et de l'esprit, l'honnêteté, etc...

6. On envoie des missionnaires ou des pionniers dans les divers pays.

D) Diffusion dans le monde

Ils sont environ 3 millions, répartis dans 110 pays ou 75,000 localités. Ils souffrent la persécution dans plusieurs pays musulmans, dont l'Iran. Ils sont 20,000 au Canada, dont 1500 au Québec.

E) Publications

Les livres utilisés sont les écrits de Baha'u'ullah traduits en 500 langues et dialectes, soit:

— Le livre de la certitude.

— Les sept vallées.

— Les paroles cachées.

F) Références pour en savoir davantage

— Alain Woodrow, *op. cit.*, pages 123-1244, 141, 187.

— Girault et Vernette, *op. cit.*, pages 490-491.

— Dossier Pastorale Rive-sud, op. cit., pages 211-221.

— Marie-France James, *Un doux mélange de foi et d'humanisme*, journal l'*Informateur*, 19 sept. 1982, page 2.

LA MISSION DE LA LUMIÈRE DIVINE
(secte d'inspiration hindouiste)

A) Fondateur et origines

Ce groupe proposant surtout des techniques de méditation, fut fondé en Inde en 1960 par Sri Hans Ji, «âme illuminée et Maître parfait de son temps». À sa mort, il transmet son pouvoir spirituel à son fils né en 1957, Maharaj Ji. Le gourou, qui n'est qu'un enfant, se présente comme le parfait avatar venu dans ce monde troublé pour enlever la souffrance, en nous révélant la même démarche spirituelle que Jésus, Bouddha et Krishna avaient apportée à leur époque.

Maharaj Ji s'installe aux USA en 1971. Il vient lancer à

l'Occident l'appel à la recherche du spirituel, au service des déshérités et à l'union entre tous les hommes. Le gourou prétend être lui-même l'incarnation pour notre temps de la plus pure divinité. Il est le Dieu vivant et il demande une soumission exclusive. Il vient instaurer mille ans de paix, en tant que restaurateur de l'ordre cosmique. Il vient faire passer le monde d'une ère de malheur à une ère d'illumination, selon la croyance en la réincarnation de Krishna, entre le 3e et 4e grand yuga ou époques cosmiques. L'amour qu'on portera au gourou donnera automatiquement l'amour des autres et le désir de les servir.

Cependant, le train de vie du gourou fera rapidement problème; il vit à Denver, Colorado, dans un palais où règne le véritable «american way of life». Le jeune dieu conduit des Rolls-Royce blanches et ne dédaigne pas les gâteries de ce monde; il sera désavoué par sa mère. Depuis, la secte peut être considérée comme un groupe en régression, à cause de promesses non tenues.

B) Doctrine et idéologie de fond

Seule la connaissance de soi peut libérer de l'ignorance et arracher à l'époque mauvaise qui aliène les individus. Le soi est une étincelle divine, une énergie qui se manifeste sous quatre formes: le Verbe ou la vibration qui a créé l'univers et le soutient; la Lumière qui est le monde intérieur, infini et sans forme, dans lequel peut être révélé tout le mystère de la création; la musique céleste ou l'harmonie de l'univers, jouée par le créateur et qu'on peut entendre intimement; le Nectar, cette eau intérieure capable d'étancher la soif de tous nos désirs. Cette énergie quadriforme est présente au-dedans de tout être humain, mais il faut savoir entrer en contact avec elle. Le Maître donne les moyens d'y avoir accès par la méditation quotidienne. Cette méthode peut être reçue après un séminaire de quelques semaines seulement, sous la conduite d'un mahatma. Les «prémies» ou débutants deviennent alors des illuminés; ils peuvent alors prendre contact avec la conscience pure du divin enfouie au fond d'eux-mêmes.

C) Autres caractéristiques

1. Les pratiques exigées sont la méditation matin et soir; aussi, la recherche de la paix, le service des malheureux, handicapés ou marginaux. On regroupe les dévots dans des ashrams où ils acceptent de travailler pour le gourou.

2. On simplifie à outrance les pratiques de la vie spirituelle; on traite les thèmes de spiritualité de tous les temps comme des «cartoons». Il y a risque de confondre alors quelques émotions passagères avec une véritable démarche intérieure et la fragilité psychique avec une expérience mystique. Les adeptes qui adhèrent au groupe après avoir quitté leur milieu social et familial, risquent de devenir des inadaptés et des marginaux.

D) Diffusion

La Mission aurait regroupé quelques millions de personnes dans le monde. Les revues qui ont fait connaître la doctrine du Maître ont pour titres: *Connaissance, Premies* et *C'est divin!*

E) Références pour en savoir davantage

— Girault et Vernette, *op. cit.*, pages 372-74; 406-7; 492-3.

— Alain Woodrow, *op. cit.*, pages 65-73; 184.

— Richard Bergeron, *op. cit.*, page 114.

— Roland Chagnon, *Trois nouvelles religions de la lumière et du son*, Éditions Paulines, Montréal, 1985, pages 97 à 121.

LES RAÉLIENS

A) Fondateur et origines

Claude Vorilhon (Raël), journaliste français, né de mère catholique et de père juif en 1940, reçoit en décembre 1973, dans le cratère d'un ancien volcan situé en France, un message venant d'extra-terrestres. Ceux-ci, qu'il nommera les Elohim (les êtres venus du ciel), lui demandent de diffuser leur message et de faire construire à Jérusalem une ambassade grâce à laquelle ils pourront venir prendre contact officiellement avec les gouvernements du monde. L'heureux témoin de cette rencontre peu ordinaire s'empresse de faire connaître ce message lors d'émissions télévisées; il se nommera désormais Raël, nom qui signifie «messager qui apporte la lumière». Il formera un groupe destiné à le seconder dans l'accomplissement de sa mission.

B) Doctrine ou idéologie de fond

On y apprend entre autres que les hommes ont été créés scientifiquement en laboratoire grâce à la connaissance des mécanismes de l'A.D.N., possédée par les extra-terrestres, il y a de cela 25,000 ans. La terre est une sorte de jardin où les Elohim ont fait pousser ces créatures intelligentes que sont les humains.

Les grands jardiniers sont déjà connus de la Bible qui les nomme Elohim. Les exégètes modernes traduisent ce mot par «dieux», alors qu'il signifie selon Raël, «ceux qui sont venus du ciel». Après la publication de son premier livre, Raël fut de nouveau contacté par les Elohim (1975), qui l'ont cette fois emmené dans ces engins que nous nommons soucoupes volantes; conduit sur une autre planète, il a pu voir des choses prodigieuses, comme rencontrer les anciens grands prophètes Moïse, Bouddha et Jésus, maintenus en vie grâce à une technologie inconnue des hommes, et qui reviendront sur la terre un jour, comme les Écritures l'annoncent.

Les Elohim lui ont demandé de ne révéler qu'après trois ans les informations concernant les prophéties de l'Apocalypse de saint Jean et la fin du monde qu'elles annoncent. Les Elohim interviendront alors pour sauver les justes de la conflagration nucléaire qui approche.

C) Autres caractéristiques

1. Ce sont les Elohim qui gouvernent le monde; le Dieu de Jésus Christ n'existe pas. Jésus est né de l'union de l'un de ces Elohim avec une fille de la terre. Il lui fut confié de répandre le message de la Bible, en attendant une époque comme la nôtre, où les gens seraient assez évolués et lucides pour en comprendre toute la portée. Tous les autres grands prophètes ont été envoyés sur terre pour une mission identique.

2. Les Raéliens veulent établir sur la terre un gouvernement mondial composé d'hommes choisis parmi les génies, par les êtres les plus intelligents de notre planète. Ces gens veilleront à appliquer les directives des Elohim pour sauver le monde de la destruction annoncée. Ce gouvernement mondial s'appelle la «géniocratie»; il veillera à supprimer la violence et à remplacer le droit au travail par le droit à l'épanouissement personnel. Dans le cas où ce plan ne se réaliserait pas, les Écritures décrivent ce qui risque d'arriver au monde prochainement, soit l'autodestruction de l'humanité.

3. Les Raéliens pratiquent une sorte de méditation que les Elohim utilisent sur leur planète, la méditation sensuelle qui amène l'éveil de l'esprit par la stimulation du corps. Vorilhon a pu constater lui-même «de visu» les heureux effets de cette pratique lors de son voyage!

D) Organisation et diffusion

Les Raéliens ont des guides (prêtres et évêques) hommes et femmes qui sont reconnaissables au médaillon qu'ils portent: une croix gammée à l'intérieur d'une étoile de David. Pour devenir membre de la hiérarchie des guides, on offre des stages organisés. Les adeptes font une contribution d'un centième de leurs revenus chaque année.

On pratique aussi un baptême qui consiste à transmettre le plan cellulaire du nouvel adepte aux extra-terrestres. Celui-ci s'engage à faire connaître le message des Elohim à son entourage. Les disciples de Raël donnent des conférences quand ils le peuvent, dans les milieux scolaires. Ils offrent leur publicité dans les salons du Livre.

Ils seraient devenus environ 1500 au Québec, sur 5000 adeptes dans le monde.

E) Publications

Les livres de Claude Vorilhon sont les suivants:

— Le livre qui dit la vérité.

— Les extra-terrestres m'ont emmené sur leur planète.

— Accueillir les extra-terrestres.

— La géniocratie, le génie au pouvoir!

F) Références pour en savoir davantage

— Dossier Pastorale Rive-sud, *op. cit.*, pages 237-244.

— Edmond Robillard, *Le petit livre de Raël*, dans Église canadienne, 27 novembre 1980, page 207.

LES ÉNERGIES

Il s'agit d'une grande quantité de groupements qui font partie de ce qu'il est convenu d'appeler, depuis les années 70, le Mouvement de potentiel humain.

A) Fondateur et origines

Le mouvement prend son origine dans les courants très populaires dans les années 50, des dynamiques de groupes et des «encounters», utilisés dans les entreprises ou les associations pour améliorer les communications et le rendement. Au cours de la dernière décade, ce mouvement a pris une orientation plus spiritualiste, à travers la recherche d'une nouvelle conscience, au moyen des techniques empruntées aux religions orientales.

Cette nouvelle conscience ainsi atteinte, dite transpersonnelle ou cosmique, permet de faire le pont avec un niveau de l'être, fait d'une énergie qui serait le substrat du cosmos. Au Québec, c'est surtout le «Centre international de recherche spirituelle» qui a son quartier général à Montréal et des relais dans plusieurs grandes villes, qui est le principal lieu de rencontre des personnes ainsi engagées sur le chemin du spirituel, de l'ésotérisme et du paranormal.

B) Doctrine ou idéologie de fond

Les énergies qui sont libérées grâce aux techniques appropriées sont considérées comme proprement divines; elles permettent de dégager des potentialités demeurées inemployées chez les personnes, à cause de leurs différents blocages d'origine psychologique ou sociale. Des guérisons sont aussi chose courante suite à ces exercices. La démarche préconisée ici est préscientifique: l'énergie à laquelle on parvient n'est pas celle qui est isolée, identifiée et utilisée par les sciences modernes (énergie physique ou chimique, atomique, moléculaire ou nucléaire). Il s'agit plutôt d'une force qui est à l'œuvre partout dans l'univers, sorte de substrat fondamental, version moderne de ce que les civilisations anciennes nommaient le «mana» (le sacré chez les primitifs ou l'âme du monde), le «prana» (le souffle universel de vie chez les Hindous) ou «l'agent universel» (chez les alchimistes). C'est cette réalité, sorte de principe d'animation du cosmos, que les premiers philosophes avaient démythologisée en lui donnant le visage d'un des quatre éléments fondamentaux (l'eau, l'air, la terre ou le feu). Aristote en avait fait la «matière première», pure potentialité, apte à acquérir toutes les formes.

Dans la démarche symbolique, la descente au fond du fond de la réalité, par la méditation ou par les purifications multiples qu'effectuait par ex., l'alchimie, fait parvenir à l'élément fondamental, qui est parfois d'or, le sel ou le mercure, véritables protoplasmes aptes à se transformer en toutes choses. Le mercure, l'eau métallique et primordiale, peut être considéré comme une de ces énergies capable d'engendrer tous les êtres et comparé à la «mater materia», à la matrice de l'univers. Le visage que prend cette substance est la plupart du temps féminoïde et fait le lien avec la croyance aux déesses-Mères familières aux civilisations de l'Orient et qui sont popularisées par les réflexions du féminisme actuel.

Il semble donc être question quand on parle des énergies, d'une réalité plus symbolique que réelle, engendrée par le puissant archétype de la substance profonde, de la Mère universelle.

C) Autres caractéristiques

1. Le corps est le canal privilégié par lequel cette énergie s'échappe. Il y a au fond de l'être humain un potentiel inexploré, un pouvoir mental qui ne connaît pas de limites. Grâce à lui, l'impossible devient possible, selon l'expression du Dr Joseph Murphy, l'un des maîtres-à-penser de ce mouvement.

2. Une seule et même réalité énergétique est le tissu ultime de tout le cosmos (monisme). La libération de cette énergie s'obtient par l'expansion de la conscience, vers la superconscience. On y arrive par les techniques de la méditation hindoue: contrôle du souffle, usage des mantras qui sont des vibrations qui permettent d'entrer en sympathie avec les ondes de l'univers. On utilise aussi des moyens psychothérapeutiques: contrôle des postures corporelles, massages, techniques du «schiatsu», du «rebirthing», usage de l'hypnose et de l'autohypnose, contacts fréquents avec les éléments du monde (eau, air, terre, soleil), etc...

D) Diffusion et organisation

Ces groupes nombreux qui s'affichent dans les journaux par l'intermédiaire de convocations à des conférences et à des sessions de fins de semaine, sont multiformes. Ils ont en commun qu'ils sont animés par des personnes qui ont déjà fait des séjours dans différentes associations gnostiques et qui présentent leurs synthèses personnelles d'ingrédients qui sont toujours les mêmes et qui sont partout reconnaissables dans l'univers de la gnose.

E) Références pour en savoir davantage

— Richard Bergeron, *op. cit.*, pages 181-205.

— Marie-France James, *L'énergie cosmique: les questions essentielles*, l'*Informateur*, 2 et 16 juin 1985, page 13.

Chapitre IX

CRITÈRES DE DISCERNEMENT À L'USAGE DES CATHOLIQUES

Nous avons pu identifier, dans les nombreuses théories et doctrines des sectaires et des gnostiques évoquées dans les précédents chapitres, un vieux fond de christianisme parfois altéré, revu et corrigé par des révélations particulières, tout autant que des intuitions qui appartiennent à la Tradition chrétienne authentique. Comment alors partager le bon grain et l'ivraie, la vérité et l'erreur ne se trouvant pas toutes du même côté à la fois? Comment reconnaître l'or éprouvé au creuset, la parole de vérité reçue des Apôtres, de tous ces autres métaux qui cherchent à y mélanger leurs patines variées?

Nous proposons au lecteur dix principes de discernement qui nous viennent de l'enseignement de l'Église, à travers son expérience bimillénaire de fidélité au «dépôt» des origines [46].

1. Le christianisme authentique vit de foi et de connaissance. Tout groupe qui propose un salut qui s'obtient exclusivement ou par la foi seule, ou par la connaissance seule, n'est pas chrétien.

Dans l'Église nous croyons que c'est la foi en Jésus Christ, personne historique et Fils de Dieu, qui sauve; l'accueil dans nos vies de ce Jésus, unique Sauveur, est le seul principe de salut. Saint Paul a beaucoup développé ce thème majeur: c'est la foi seule qui obtient la justification (Rm 1, 17), qui nous ajuste à la vérité du Dieu chrétien qui est fidélité inaltérable à l'être humain. C'est par cette foi-abandon, les sectes y insistent avec raison, que le salut de Dieu nous rejoint (Ép 2, 8) et que nous sommes faits ses fils et ses filles (Ga 3, 26). Cette foi n'est pas donnée cependant dans sa perfection. Elle doit grandir car elle est fragile (1 Th 3, 10); elle n'est pas une police d'assurance tout risque. Elle s'achèvera seulement dans la vie éternelle, car le don du salut n'est pas un scellé automatique et définitif. Entre-temps, le croyant doit faire en sorte que sa foi débouche sur la connaissance. Connaître, c'est expérimenter, dit avec à-propos la gnose. Connaître Dieu c'est faire l'expérience de Dieu. A l'audition de la Parole qui conduit à la foi, s'ajoute la vision des actions divines perçues dans les expériences de la vie spirituelle, dans celles du culte, dans le grand jardin de la Nature et dans le champ de l'engagement social.

Un théologien du Moyen Âge disait: «Intelligo ut credam; credo ut intelligam.» «Je cherche à comprendre pour mieux croire; je crois pour mieux comprendre encore.» Voilà le grand principe chrétien qui donne naissance à la recherche théologique et à la connaissance que réprouve de son côté la secte. Si le chrétien doit tendre à une certaine connaissance du mystère de Dieu, cette saisie demeurera toujours imparfaite, comme à travers un miroir dépoli, disait saint Paul, contrairement à la prétention gnostique de trouver l'équation du divin et d'évacuer tout son mystère. Le chrétien ne se sent pas plus apte à envisager la lumière divine qu'à fixer des yeux l'éclat du soleil. Le mystère, ce n'est pas le règne de l'obscurité, mais celui de la trop grande luminosité, en proportion des capacités de nos facultés humaines. C'est indirectement, par le relief qu'elle donne aux choses créées, que nous pouvons le mieux approfondir la lumière de Dieu.

Un jour seulement nous verrons Dieu et nous le connaîtrons comme nous sommes connus, alors que nous lui serons unis dans l'Amour (1 Co 13, 12). Foi et connaissance cesseront alors de se relancer et de s'équilibrer, pour se fusionner dans la synthèse parfaite, celle de l'Amour. En suivant toujours saint Paul, nous pouvons ajouter: «Même si j'arrivais à connaître tous les mystères, même si j'avais la plénitude de la foi, si je n'ai pas l'Amour, cela ne me sert de rien» (1 Co 13, 2).

On dit aussi que la foi doit s'appuyer sur les œuvres (Jc 2, 14-24), mais ce qui constitue un chrétien ce n'est pas d'abord l'observance de la loi et la pratique du culte. Les œuvres viennent après la foi, en reconnaissance. Reconnaissance au sens d'action de grâces pour le don gratuit du salut; reconnaissance aussi au sens de découverte expérimentale de l'action de Dieu qui se poursuit dans le monde par l'engagement du croyant.

2. La communauté chrétienne a fixé la liste des Écritures qu'elle reconnaissait comme inspirées de Dieu, aux premiers siècles de son histoire. Tout groupe qui propose d'autres Écritures ou Révélations reçues de Dieu, d'entités d'un monde parallèle ou d'extra-terrestres, qui sont différentes de celles du Canon biblique, évolue sur une voie qui n'est pas chrétienne.

On sait que la communauté juive avait constitué son propre Canon (la liste des Livres de l'Ancien Testament) vers la fin du premier siècle, à Jamnia en Palestine. Ce Canon a été respecté par l'Église naissante, qui y a ajouté cependant les livres écrits en grec par les communautés de la diaspora, établies dans le nord de l'Afrique. De la même manière, l'Église a constitué son propre Canon dans les siècles qui suivirent, en commençant par saint Irénée qui détermina les quatre véritables évangiles, qu'il opposait aux textes des Gnostiques qui en différaient (*Adversus Hæreses*, 3,1,1). Un peu plus tard, le Canon de Muratori (180) du nom de celui qui en fit la découverte en 1740, donne la liste complète des 27 livres du Nouveau Testament. Au IVᵉ siècle, apparaissent clairement des listes appuyées par l'autorité des Évêques de Jérusalem, d'Alexandrie et de Rome, puis des Conciles. On y maintient les livres grecs de l'A.T., avec quelques hésitations sur l'Apocalypse du N.T. La liste au complet de tous les livres de la Bible, tels que nous les avons, a été fixée au XVe siècle, puis au Concile de Trente (1546).

Ces listes n'ont pas été constituées unilatéralement par des décrets de l'autorité, mais elles sont le fruit de l'usage qu'en ont fait les Églises en lien avec leur vécu de foi. Elles sont donc nées de façon empirique; si elles ont été déclarées telles par la voix des Conciles, c'est plutôt pour répondre aux contestations des groupes marginaux qui voulaient voir reconnus les textes qu'ils utilisaient. L'Église statuait comme aujourd'hui, que la véritable révélation de Dieu aux hommes était close désormais et qu'elle était contenue dans les 73 Livres de la Bible. Ainsi, toute Écriture qui prétendrait, après 20 siècles, venir compléter le donné révélé, comme il arrive chez les sectes (Adventistes, Témoins de Jéhovah, Mormons, Moonistes) ou les dépasser en les décriptant et en leur donnant une interprétation nouvelle (Urantia, Raël), doit être considérée comme étrangère à l'esprit du christianisme.

3. Tout groupe qui présente la notion d'un Dieu impersonnel, qui ne serait qu'un réseau de force cosmique ou le Grand Tout de l'univers, s'inspire de principes contraires au christianisme.

Le Dieu de la Bible, qui est le Dieu chrétien, n'a pas été découvert comme un principe énergétique ou un noyau d'énergie pure dont la révélation remonterait à des temps immémoriaux ou à des civilisations englouties. C'est plutôt à même l'histoire d'Israël et progressivement que le divin s'est fait connaître. Aux temps des patriarches (Abraham), Dieu fut entrevu comme le Père veillant aux intérêts du clan familial de son choix. Quand Israël eut formé un peuple constitué (Moïse) et un État, Dieu lui fut manifesté comme celui qui accepte d'entrer dans une Alliance de fidélité, exigeant en retour d'être reconnu comme le seul Dieu. À l'époque des rois (David) Dieu se montra comme intimement lié à une dynastie et à un Royaume. Plus tard, avec les prophètes, il se révéla comme transcendant et maître des nations. Après l'exil à Babylone, les traits du visage divin se précisèrent encore: Dieu est une personne, il porte un nom propre, il parle et dialogue, il maintient son alliance avec un peuple infidèle. Il agit librement dans l'histoire humaine en redonnant au peuple élu, sa terre. Il est la source de toute vie, il est le maître du monde. Il est saint, insaisissable d'une part, mais il sait aussi se faire proche comme un époux, comme un père et une mère.

Avec Jésus, l'image de Dieu va prendre son sens définitif. Jésus révèle le Père: qui voit Jésus dans son humanité, qui porte attention à sa personne, celui-là voit le mystère même de Dieu (Jn 14, 9). La paternité de Dieu est son essence. Elle s'accomplit dans la Trinité, car il est Père et Fils, et par l'Esprit les fidèles peuvent partager leur amour commun. En s'efforçant d'aimer à leur tour (1 Jn 14, 10-11), ils trouvent dans cet amour l'expression concrète et expérimentale de qui est Dieu. En somme, Dieu est rejoint dans le christianisme non par la séparation d'avec le monde (secte), ni seulement par la concentration sur la profondeur de la conscience (gnose), mais par l'engagement au service de ses frères et sœurs.

On peut donc conclure que toute notion de Dieu qui ressemblerait à une entité, à un principe ou à un tourbillon d'énergie pure et non à une Personne capable de choix, de pardon, d'amour et d'intervention libre dans le vécu des hommes, cette image escamote l'expérience authentiquement chrétienne du divin.

4. Ce qui a été dit du divin est aussi vrai de l'Esprit Saint. Toute doctrine qui propose une image de l'Esprit identifié à une force impersonnelle ou comme canal privilégié de la manifestation de l'Énergie Cosmique, et qui aurait comme prérogative de nier l'unicité du Christ historique et d'évincer l'Église, est contraire à la foi chrétienne.

Il faut avouer que ce n'est pas d'emblée que les écrivains sacrés ont entrevu la dimension personnelle de l'Esprit

Saint. Pendant tout l'ancien Testament, l'Esprit a été considéré comme une réalité cosmique, l'instrument des œuvres de Dieu à l'instar du vent (ruah) qui transforme le monde, insuffle la vie chez l'homme, pousse les Juges à des gestes héroïques, incite les Prophètes à parler. Force aveugle au départ, l'Esprit est peu à peu identifié au Saint-Esprit de Yahvé (Ps 51, 9), à son bon Esprit (Ps 143, 10).

Dans le nouveau Testament, on lui a conservé ses caractéristiques antérieures, mais peu à peu, il recevra les traits d'une personnification. On lui attribue la conception de Jésus; c'est lui également qui le pousse au désert après lui avoir été donné en plénitude à son baptême. En Matthieu (28, 19), Jésus commande à ses disciples de baptiser au nom du Père, du Fils et de l'Esprit Saint, faisant de l'Esprit une réalité égale en dignité au Père et au Fils. Avec saint Jean (14, 17), l'Esprit devient la personne du Paraclet, le défenseur qui demeure auprès des Apôtres, que le monde ne connaît pas, qui procède du Père et du Fils, envoyé par eux dans le monde (Jn 15, 26-27). Arrivé après Jésus, il ne vient pas le supplanter, mais faire connaître tout le mystère que Jésus n'avait pas révélé totalement (Jn 14, 26). Il vient confirmer ce qu'avait dit Jésus. Il reçoit tout ce qui est de lui pour nous le communiquer (Jn 16, 14-15).

L'Esprit Saint, selon la tradition chrétienne, ne peut donc pas être à l'origine de nouvelles révélations, comme le prétendent certains groupes gnostiques, qui viendraient remplacer celle de Jésus, conservée par l'Église.

5. Le christianisme reconnaît en Jésus un personnage historique, vrai homme et vrai Dieu. Tout groupe qui refuse sa divinité, même s'il le considère comme un être supérieur (un ange, un avatar, un grand initié, un extraterrestre), s'écarte de la foi chrétienne traditionnelle.

Plus de trois siècles de l'histoire de l'Église ont été consacrés à mûrir, dans les grands Credos et les Conciles, cette affirmation fondamentale: Jésus de Nazareth, fils de Marie est vrai homme en même temps que vrai Dieu. Il est égal au

Père comme son Verbe et il siège maintenant près de lui à la fois comme son Fils unique et comme Homme ressuscité. Le Jésus qui est le fondement du christianisme est cet homme dont témoignent les évangiles et les lettres du nouveau Testament. Plusieurs auteurs païens attestent également sa réalité historique: des juifs, comme Flavius Josèphe (37-98) et les auteurs du Talmud de Babylone (Ve siècle), des romains, comme les écrivains Pline le Jeune, Tacite et Suétone (IIe siècle).

Vouloir faire de ce Jésus la réincarnation d'un des grands initiés du passé (Krishna, Bouddha, Moïse) ou le suppôt du Grand Esprit Christique, s'incarnant à période régulière dans divers avatars, ou un extra-terrestre, ou encore un ange qui n'a pas réellement vécu la vie des hommes, toutes les doctrines ainsi orientées présentent un Christ étranger à la foi des Apôtres. Le Jésus que professe l'Église est cet homme qui est le centre de l'aventure humaine, qui a vécu une vie unique, qui est mort sur la croix par amour des siens, que le Père a ressuscité à cause de sa fidélité, en lui donnant la Seigneurie universelle sur le cosmos et en le faisant Maître des temps et de l'histoire.

6. Tout groupe dans lequel les membres se considèrent comme les purs, les élus, les parfaits, par opposition au reste des hommes de la masse, considérés comme inférieurs, non-initiés ou pécheurs, provient d'un esprit qui n'est pas celui du Christ.

À la suite de la longue tradition de l'Église, nous refusons d'introduire de telles catégories, car elles sont étrangères à la pastorale de Jésus. Le Christ s'est opposé aux pratiques de l'ancien Testament qui partageaient les choses et les personnes en catégories tranchées, selon le pur et l'impur. Jésus s'est laissé toucher par les pécheurs publics, il a fréquenté leurs milieux, partagé leurs repas. Il a montré que la véritable pureté n'était pas dans les mains lavées ou dans la nourriture choisie, ou dans l'appartenance à des groupes d'élites comme les pharisiens, mais dans le fond du cœur de l'homme (Mc 7, 6-13). L'Église a retenu et développé cet enseignement dès les débuts. Les païens impurs aux yeux des juifs, pouvaient désormais prendre leurs repas aux côtés des chrétiens. La vision de Pierre rapportée dans les Actes des Apôtres (10, 10-15) lui enseignait que Dieu a purifié tout ce qui était impur, par Jésus, devenu source de toute véritable pureté.

Dans la même foulée, l'Église refuse de s'apprécier comme une race supérieure; elle se voit plutôt comme une communauté de pécheurs, tous égaux par leur baptême et par le même amour reçu du Père, tous appelés à la même sainteté grâce à la miséricorde à tous octroyée. L'Église n'est pas non plus la Grande Loge des initiés, qui aurait en partage la révélation de connaissances réservées aux esprits supérieurs. Cet esprit de castes ou de classes, que l'on retrouve dans certains nouveaux groupes religieux, n'appartient pas à la mentalité chrétienne.

7. Tout groupe qui affirme que l'homme en son fond est divin ou qu'il est une parcelle de la Conscience cosmique, destinée à se fusionner un jour dans le Grand Tout de Dieu, s'inspire de principes contraires à la pensée chrétienne.

Pour la foi biblique, le monde et l'homme sont distincts de Dieu et ne sont pas divins. La création qui leur a donné l'être n'arrive pas au terme d'une fragmentation ou d'une émanation hors de la substance divine; elle est plutôt un geste original par lequel Dieu lance dans l'être, à partir de rien, une réalité distincte de Lui, limitée, périssable et mortelle. Cette réalité porte des traces de son origine; ces reflets sont ceux de la Beauté divine, de sa Force, de son Intelligence, de son Ingéniosité, de son Immensité, etc... Mais elle est marquée en même temps par la désuétude. Tout dans la création crie: «Je viens de Dieu, regardez mes perfections!...» et: «Je ne suis pas Dieu, regardez mes limites!...»

De tous les êtres, l'homme est le plus proche de Dieu. Il a été créé à son image comme le veut le langage oriental, qui reconnaît dans cette expression une sorte de participation à l'être de la personne représentée. Utilisée pour exprimer la relation unique de l'homme au Créateur, cette formule suggère une proximité exclusive, qui n'est pas partagée avec les autres créatures. L'homme participe au divin, un peu comme le miroir participe au soleil, qu'il est fabriqué pour refléter; tout en demeurant distinct de l'astre solaire, il possède de sa chaleur et de sa brillance, quand il se place en face de lui. Ainsi l'homme qui est une image «ressemblante» de Dieu (Gn 1, 26), possède sur le monde un pouvoir qui est propre à Dieu, celui de le dominer et de le remplir (Gn 1, 28). L'homme est créateur comme Dieu et il poursuit son oeuvre à condition de demeurer en relation avec Lui; toute la technologie moderne est là pour le démontrer dans ses réalisations fantastiques comme dans ses erreurs.

Si l'homme n'est pas divin, il est appelé cependant à être divinisé au-delà de la mort. C'est le but de l'oeuvre créatrice que de faire entrer dans la famille trinitaire d'autres êtres personnels, les fils et les filles de Dieu. En conservant son individualité, en demeurant un vis-à-vis de Dieu, l'homme est destiné à lui être uni dans l'Amour, pour l'éternité.

8. Toute doctrine qui jette du discrédit sur la matière et sur le corps humain, comme s'ils étaient de nature méprisable, sources de tout le mal ou derniers degrés de la condensation de l'Esprit, s'inspire de principes différents du christianisme.

Parce que Dieu n'est qu'Amour et Bonté, tout ce qui est son oeuvre est bon, dit la Bible. «Et Dieu vit que cela était bon» s'écrie l'auteur de la Genèse, après chacune des oeuvres sorties des mains du Créateur. Si le mal existe dans le monde, il n'est pas l'oeuvre d'un principe mauvais, égal à Dieu et son rival présomptueux. Cette interprétation dualiste et manichéenne qu'on retrouve dans les gnoses anciennes et modernes, est repoussée par la bible. Dieu n'a pas fait la mort et n'est pas responsable du mal: au contraire, il utilise le mal et sait l'orienter vers un bien infiniment supérieur.

Le mal c'est l'homme qui le fait naître par le mauvais usage de sa liberté, lorsqu'il se détourne de la volonté de Dieu. Il y a dans l'homme une loi qui l'entraîne au péché (Rm 7, 14-23), parce qu'il appartient à une humanité séduite par le Serpent (Gn 3, 1-7). C'est par l'œuvre de Satan que le mal et la mort sont entrés dans le monde (Sg 1, 13; 2, 24) et non à cause d'une déchéance inhérente à la matière. Cette présence du mal, à travers le règne des passions, de l'ignorance et du désir matérialiste, ne fait pas pour autant du corps une réalité vile et abjecte. Dans la pensée biblique, l'homme n'a pas un corps qui serait jetable après usage, comme simple véhicule de l'âme ou de l'esprit. L'homme «est» un corps et une chair; cette chair est le siège du péché (Rm 6, 6) et pour cela, vouée à la destruction. Mais elle est destinée également à ressusciter «corps de gloire» (Ph 3, 21), au terme d'une transformation qui fera de ce corps terrestre un corps spirituel (1 Co 15, 44-48). Dès maintenant, le corps des chrétiens est Temple de l'Esprit malgré sa faiblesse, grâce à la résurrection de Jésus qui l'entraîne à travers la mort vers la gloire; il a déjà commencé, peu importent les écueils de sa route, sa marche vers la spiritualisation.

Dans cette optique on comprend que le corps humain n'est pas simplement le support de l'esprit ou le canal de son expression. La matière non plus n'est pas le degré le plus bas de sa chute. Avec tout le cosmos, elle est mystérieusement attirée dans le même mouvement de transformation qui fera d'elle «une terre nouvelle et des cieux nouveaux» (Rm 8, 22-23).

9. Tout groupe qui affirme que le Royaume de Dieu était complètement constitué à l'origine du monde, dans une sorte d'Âge d'Or de l'humanité ou que Dieu ne le réalisera qu'à la fin des temps, par la destruction de ce monde-ci, propose un point de vue étranger au christianisme.

Le chrétien n'est pas celui qui croit que le sommet de

l'histoire humaine se situe au tout début, quand, sur des continents maintenant disparus, les personnes avaient en partage la connaissance des mystères divins et vivaient en harmonie parfaite avec le cosmos. Ce Royaume ne se situe pas non plus sur d'autres plans d'existence ou sur d'autres galaxies, qui échapperaient au déroulement du temps, donc aux heurts de l'histoire. Il ne croit pas non plus que le Royaume est une réalité purement eschatologique ou future, qui n'arrivera qu'à la fin des temps, par la destruction de ce monde, trop corrompu pour que quelque réalisation en soit conservée. La pensée chrétienne vit plutôt en tension entre le Royaume de Dieu, réalité actuelle, s'élaborant déjà «au milieu des hommes» (Lc 17, 20-21), inauguré et accompli dans la personne de Jésus et poursuivi par les croyants, et d'autre part, le Royaume pas encore achevé, celui qui sera marqué par la Parousie du Fils, par son Retour glorieux destiné à le compléter (Mt 16, 28).

Le chrétien vit dans l'histoire, à la fois dans le passé, le présent et le futur. Il n'est pas absorbé cependant comme la gnose dans un extrême-passé, ni dans un extrême-présent tout orienté vers la fin, comme la secte. Il vit le moment présent comme le lieu de passage entre ce qui est déjà commencé, le déjà-là du Royaume, soit la sanctification des pécheurs, et ce qui s'en vient, le pas encore ou la divinisation définitive des fils et des filles de Dieu. La foi chrétienne ne considérant pas le monde comme totalement mauvais, ne peut accepter qu'il sera entièrement détruit par le Jugement de Dieu, pour faire place à un autre monde. Il s'attend plutôt à ce que ce monde-ci devienne «autre» en le construisant jour après jour par des choix en faveur de l'évangile, jusqu'au moment où il sera achevé gratuitement par la victoire définitive du Christ sur le mal, le péché, l'ignorance et les autres limites qui l'affectent. La date et l'heure de cet événement le préoccupent moins, selon le conseil de Jésus (Mt 24, 36), que l'importance du vécu quoditien pour veiller à être prêt, en produisant des œuvres de justice et d'amour qui anticipent déjà les temps messianiques.

10. Toute théorie qui s'appuie sur le principe de la réincarnation, s'inscrit en faux contre le christianisme.

La foi en la résurrection de la chair est totalement différente de l'adhésion à la théorie de la réincarnation. Elle suppose pour chaque personne un point d'arrivée définitif, lorsqu'elle a franchi la route de son unique vie. Elle implique aussi que le corps humain entre dans ce mouvement de divinisation auquel Dieu destine l'homme. Pour les tenants de la réincarnation, le corps n'entre pas dans la définition ou l'identité de la personne; il n'est qu'un véhicule, vile prison où l'esprit, qui est la dimension essentielle de l'être humain, a été jeté. Pour le christianisme, le moi ou le tout de la personne, est à la fois spirituel et corporel, corps animé et esprit incarné. Le salut concerne la totalité de la personne ainsi constituée de corps, d'âme et d'esprit. Le croyant est sauvé par le Corps du Christ crucifié et glorifié, par l'intermédiaire de son grand Corps de Ressuscité, son Corps mystique.

L'idée de réincarnation suppose la loi du karma, ou la nécessité de payer pour toutes ses erreurs antérieures, de les effacer par ses propres efforts, dans une existence, ou dans l'autre qui suivra. À la place, le christianisme propose l'idée fondamentale du pardon de Dieu qui est tout à l'opposé et qui vient couper court à la longue descente dans le labyrinthe de la culpabilité. En revenant au Dieu-Père, le fils prodigue peut accueillir, sans aucun mérite de sa part, un pardon gratuit et gracieux. Grâce au sang précieux du Premier-né de la famille de Dieu, il peut redevenir un fils bien-aimé. L'idée de réincarnation, qui baignait le milieu culturel des premiers chrétiens, n'a pas été retenue et n'a jamais collé aux dogmes chrétiens, parce qu'elle ne faisait pas le poids et qu'elle était contraire à l'affirmation révolutionnaire de la miséricorde d'un Dieu-Amour.

Pour leur part, les réincarnationnistes[47] persistent à affirmer que Jésus connaissait et admettait, de même que les chrétiens des premiers siècles, le principe de la réincarnation. Pourquoi la Bible n'en parle-t-elle pas en aucun endroit significatif de ses 73 livres, rédigés au cours d'une période de plus de 1000 ans de réflexion religieuse? Parce que tout le monde l'admettait, répond-on! Autant dire qu'elle ne parle pas non plus de la rondeur de la terre, parce qu'il s'agissait d'une connaissance communément admise dans les milieux de sa rédaction...

Pour démontrer leurs avancées, les gnostiques pointent quelques textes du nouveau Testament, toujours les mêmes, une moisson bien maigre, faut-il noter! Celui où Jésus (Mt 16, 14) demande à ses disciples ce que les gens disent du Fils de l'Homme. Comme on lui répond qu'on estime qu'il est Élie, Jérémie ou Jean-Baptiste, on conclut qu'on le croyait être un prophète réincarné. Une simple exégèse révèle[48] qu'il s'agit plutôt ici de l'esprit de prophétie dont avaient fait preuve ces grands personnages de l'histoire d'Israël et dont le retour devait être le signe de l'arrivée des temps messianiques. Avec Jésus, l'effusion de l'Esprit est visible; il est le grand prophète que ses prédécesseurs avaient annoncé et les gens l'ont compris. C'est d'ailleurs ainsi que Pierre l'a saisi, lui qui rétorque: «Tu es le Christ, le Fils du Dieu vivant!» (Mt 16, 16), ce qui signifie «Tu es le Messie», donc un être unique et non l'avatar d'une réincarnation. Ajoutons qu'il est évident que Jésus ne pouvait être la réincarnation de Jean-Baptiste qui était de quelques mois son aîné, ni celle d'Élie qui, selon la croyance populaire, n'était pas mort mais avait été enlevé au ciel de son vivant (2 R 2).

L'autre texte concerne l'aveugle-né, au sujet de qui on demande à Jésus qui est-ce qui a péché pour qu'il soit ainsi puni (Jn 9, 3). Si Jésus avait cru en la réincarnation, il a manqué alors une belle chance d'expliquer que c'était l'occasion donnée à cette personne pour expier les fautes qu'elle avait commises dans une vie antérieure, selon la dure loi du karma. Jésus va répondre exactement le contraire: «C'est pour que soit manifestée l'œuvre de Dieu», soit le pardon des péchés, dont la guérison qu'il va opérer sur cet homme est le signe. Ainsi Jésus par sa puissance rédemptrice, met fin à la persistance du mal en rendant cet aveugle à la lumière, image anticipée des fruits de sa Passion et de sa Résurrection.

On affirme enfin que les premiers chrétiens croyaient en la réincarnation, mais que ce sont les Pères de l'Église qui, constatant que les gens étaient peu diligents à devenir «parfaits comme le Père céleste est parfait», selon le programme de vie reçu de Jésus, les ont pressés à se mettre à l'œuvre en condamnant la réincarnation; ils n'avaient plus alors qu'une seule vie pour s'exécuter. On fait état également de la réprobation d'écrivains chrétiens comme Origène, par le synode de Constantinople (543) et de Priscillien, par le Concile de Braga (563). Un examen sommaire du texte de ces condamnations montre que les théories sanctionnées ne concernaient par la réincarnation, mais plutôt la thèse de la pré-existence des âmes, qui est une tout autre affaire. Il s'agit de l'idée qui a circulé un temps dans la théologie chrétienne, qui disait que les âmes auraient été créées de toute éternité par Dieu et que quelques-unes, lassées de la vision divine, se seraient tournées vers un état inférieur et auraient été plongées dans des corps matériels en guise de châtiment[49].

La Bible parle de la résurrection et non de la réincarnation; l'histoire de l'Église a toujours écarté cette idée comme contraire à ses principes et à l'Évangile[50]. Le seul avantage qu'il reste à débattre de cette question, c'est peut-être la redécouverte de la doctrine de l'Église sur l'existence d'un purgatoire, lieu de purification où les défunts doivent laisser fondre au feu de l'amour divin, les obstacles qui les empêchent de s'unir à lui. Il faut avouer que la catéchèse récente a eu tendance à éluder cette étape de la marche de la créature vers Dieu. Le purgatoire remplit toutes les fonctions que l'on voudrait bien attribuer à la nécessité de se réincarner et cette idée respecte, contrairement à la réincarnation, l'unicité de la personne humaine et de son cheminement.

Chapitre X

POUR UN CHRISTIANISME INTÉGRAL

Une approche écologique de la religion

Sous le terme écologique, on désigne une réalité qui possède une vie pleine et qui évolue en harmonie avec les éléments qui la constituent et qui l'environnent. L'écologie de la nature, c'est l'équilibre des espèces animales et végétales, avec la contribution du monde minéral et de la couverture météorologique, sans que s'impose l'impérialisme de l'un ou de l'autre de ces partenaires. La vie n'est jamais favorisée par la domination d'un plus fort jusqu'à l'exclusion des composantes les plus faibles. Nos lacs et nos rivières envahis par les produits non recyclables, nos forêts sujettes aux pluies acides sont là pour nous le prouver avec évidence. Dans la vie tout est accord. Celle-ci est faite d'échanges, de compléments, d'équilibrations de la part des éléments qui la constituent, non sans une certaine lutte, mais avec, par-dessus tout, une sorte de sympathie et d'équité qui assure l'unité de l'ensemble. Par exemple, le soleil et l'eau tempèrent mutuellement leurs effets: le soleil réchauffe l'eau et la vapeur produite fait écran aux rayons trop ardents du soleil. Ensemble ils font croître la vie végétale. Les végétaux entrent en interaction avec le sol nourricier; ceux-ci sont nourris par le sol et l'alimentent à leur tour par le compost. La vie animale y puise ses énergies; les diverses espèces contrôlent l'accroissement de leurs populations en fonction de la nourriture disponible, et ainsi de suite...

À cette écologie des éléments matériels qui est universellement admise, devrait correspondre, croyons-nous, une autre écologie, celle des symboles et des grandes images qui sont le réservoir des religions. La vie spirituelle est une vie tout aussi soumise aux lois de l'harmonie que la matérielle. Nous avons noté au chapitre trois, en analysant la structure de la secte et de la gnose, la présence et l'action de ces archétypes ou cordes vibrantes universelles qui constituent le plancher de notre psychisme et qui donnent, lorsqu'elles entrent en fonction, à de simples objets de la nature de symboliser, c'est-à-dire de signifier de façon privilégiée les réalités spirituelles et invisibles. Nous avons reconnu que les principaux symboles qui interviennent au sein de la démarche sectaire, se situent tous dans la dimension verticale, entre le haut et le bas; dans le cadre temporel, ils privilégient le moment présent ou le futur immédiat (la fin du monde imminente). Les symboles qui alimentent la gnose fleurissent plutôt, quant à eux, dans la dimension de la profondeur et dans le plan du passé lointain. Entre ces deux univers nous est apparue une opposition irréductible qui nous les faisait comparer au jour et à la nuit. Entre les groupes sectaires et gnostiques, il n'y a pas de rencontre possible, tant au niveau des doctrines qu'à celui du partage concret des tâches ou du dialogue. Nous avions constaté que leurs leaders sont de deux types opposés et très contrastés et que leurs voies de salut par la foi pure et par la connaissance absolue, sont deux routes exclusives et antithétiques.

Tout se déroule comme si sur le clavier des cordes sonores, la secte et la gnose s'acharnaient à ne jouer chacune qu'aux deux extrémités: la secte pianotant en majeur sur les notes les plus hautes et la gnose faisant rouler en mineur, les plus basses. D'une part, on entend les hauts cris du prophète, rappelant l'urgence du présent, le temps de la conversion, de l'autre la sourde mélopée des mantras qui conduisent lentement les méditants vers les cavernes de la sagesse primordiale. Ainsi la secte et la gnose se manifestent comme deux réductions ou deux durcissements opposés d'une même démarche spirituelle et par là, du christianisme dont elles se réclament toutes deux. Celui-ci devrait

plutôt être abordé par elles comme une réalité vivante, intégrale, dans le respect de toute la gamme des symboles qui
constituent son humus nourricier.

Dans les faits, les symboles dont s'approvisionnent la
secte et la gnose, au lieu de se figer comme il leur arrive,
à leurs pôles extrêmes, sont des parties d'un tout qui les
englobe: ils sont faits pour se compléter, se contrôler, s'équilibrer en se stimulant les uns les autres. Pour remplir cette
fonction d'harmonie, il existe dans l'imaginaire humain une
autre série d'archétypes générateurs de symboles, dont le
rôle est de dynamiser les précédents et de les faire compo-
ser ensemble. On les nomme «synthétiques» selon la nomenclature de Gilbert Durand[51] que nous suivons depuis
le début de cette réflexion.

Pour un usage non restrictif de l'univers des symboles

Évoquons ici quelques-uns de ces symboles synthétiques
qui harmonisent les extrêmes. Ce sont eux qui, sous l'action de l'Esprit Saint, éducateur à la vraie religion, prému-
nissent le fidèle contre les excès et fournissent sa sève au
christianisme complet, celui qui est célébré dans l'Église,
autour des mystères de mort et de résurrection de l'homme-
Dieu. Il y a parmi eux la croix, symbole par excellence de
la rencontre du divin et de l'humain dans la synthèse des
axes vertical et horizontal; il y a celui du Fils, enfant du Père
et de la race humaine, qui vient relancer l'avenir vers des
horizons insoupçonnés; celui de l'arbre et de la semence qui
évoquent le cycle végétal, qui allient la verticalité et la profondeur et qui est sans cesse renaissant, celui du feu, apte
à embraser l'univers, etc... Les forces psychiques qui génè-
rent ces symboles donnent naissance à la plupart des images que déploie la religion chrétienne dans sa liturgie. Elles
produisent lorsqu'elles s'incarnent dans des gestes concrets,
les actions de récapituler, de revenir en arrière pour se relancer, de mûrir, de marcher en avant, de progresser, en somme les gestes de l'espérance qui sont des participations à
une mort donneuse de vie. La dimension spatiale qui res-

sort ici est celle de l'avant, l'orientation vers l'eschatologie; la dimension temporelle est le futur lointain, qui mobilise le passé et le présent. Ces images sont synthétiques car elles font converger les termes correspondants diurnes et nocturnes pour le combiner et en tirer un dynamisme propulseur vers l'avenir, un peu comme l'alternance entre les pôles positifs et négatifs du courant, produit l'énergie électrique.

En guise d'exemple et pour ne pas rester dans la théorie, énumérons quelques symboles utilisés par l'Église dans ses célébrations de la grande semaine de Pâques, où les forces vives qui l'animent éclatent au grand jour.

Le FEU

Il existe un feu, symbole diurne, celui qui est obtenu par percussion, qui ressemble à l'éclair qui tombe du ciel et qui est de caractère agressif. C'est ce type de feu qui scellait les alliances avec Yahvé (Gn 15, 17), qui brûlait le buisson ardent (Ex 3, 2), qui frappait la montagne de la Loi, brûlait sur l'autel les sacrifices (Is 6, 6-7). Il existe également un autre feu, nocturne, le feu doux des cuissons et celui de la chaleur digestive qui révèle les saveurs des aliments. C'est le feu des cœurs brûlants, attisé par l'Esprit Saint, qui fait comprendre les Écritures (Lc 24, 32). La synthèse de ces deux dimensions du feu donne le feu chrétien par excellence, celui de la Pentecôte qui purifie et fait comprendre à la fois, mais surtout qui envoie en mission. Ce feu est destiné à couvrir la terre (Ac 2, 3-4), c'est celui que Jésus est venu y répandre (Lc 12, 49).

La PAROLE

La parole diurne est celle qui est perçue comme un dynamisme efficace dont l'effet dans la bouche du prophète est assuré; tel un glaive à deux tranchants (He 4, 12), elle sépare et distingue, met de l'ordre dans les sentiments et les pensées du cœur, clarifie la confusion du langage et met un terme au chaos de Babel. La parole nocturne c'est plutôt le chant (en langues!) des convives, douce musique, hymne, langage qui habite le cœur des sages (Col 3, 16). L'autre parole, symbole synthétique, c'est le kérygme ou la proclamation du salut opéré par la résurrection de Jésus (Ac 1, 22; 3, 15), qui encadre la célébration des sacrements, scande la vie des chrétiens et stimule la marche en avant des artisans du Royaume qui vient.

L'EAU

L'eau diurne, c'est l'eau lustrale qui est pétillante et tonifiante, qui secoue les torpeurs, écarte les langueurs de la nuit. Cette eau est l'antithèse des eaux dormantes et épaisses, symboles du péché, ou des eaux violentes qui engloutissent comme la mort. C'est l'eau obtenue par un coup de bâton de Moïse sur le rocher (Ex 17, 6). L'eau nocturne, c'est la rosée ou la douce pluie qui fait mûrir les plantes, si souvent évoquée dans la Bible. Ce sont les eaux sucrées et colorées qui accompagnent la réunion des amis, qui aident à la digestion et favorisent les confidences; c'est encore l'eau de la sagesse qui sature à jamais ceux qui en boivent (Si 24, 21). L'eau, comme symbole synthétique, ce sont les eaux vivantes (de Pâques) qui jaillissent du cœur des croyants, fleuves d'eau vive que Jésus communique en apportant l'Esprit (Jn 7, 37-39) et qui conduisent jusqu'en vie éternelle. Ce sont les eaux baptismales, jaillies du trône de Dieu et de l'Agneau (Ap 22, 1), destinées à couvrir le monde et qui ramènent les fils et les filles vers leur Père.

L'HUILE

L'huile diurne, c'est celle qui est versée sur le front des chefs pour les constituer rois et les consacrer en les séparant du commun des mortels. Nocturne, c'est l'huile culinaire qui assouplit et enlève l'âpreté des aliments; c'est aussi l'huile des lampes et des parfums, celle qui est employée en frictions pour détendre les muscles ou qui coule sur la barbe d'Aaron en signe de fraternité. L'huile synthétique (sans jeu de mot!) c'est celle qui est associée aux herbes toujours nouvelles de la végétation (les palmes) et qui donne naissance au feu nouveau apte à consumer la terre entière.

La CIRE

La colonne verticale du cierge, portée à bout de bras est le symbole diurne du guerrier, l'insigne du chef militaire qui revient victorieux d'une bataille. Nocturne, c'est la substance produite par la digestion de la douce abeille, proche du miel, odoriférante et qui produit la flamme légère et sensible au souffle. Le symbole synthétique est le cierge pascal, bannière des baptisés vainqueurs des eaux de la mort et habités par l'Esprit, en marche vers la Terre Promise.

Le PAIN et le VIN

Dans la perspective diurne, ce sont les grains de blé et les raisins choisis, coupés et écrasés violemment sous le pressoir. L'aspect nocturne, c'est la vie intime qui naît en eux, par l'action du levain, de la chaleur du four ou de la tiédeur des caves; ils sont ici le symbole de la vie partagée par les convives qui entourent la table et qui les consomment ensemble. Le symbole synthétique qui assume les deux significations précédentes, c'est l'Eucharistie, corps et sang du Christ brisés par sa Passion, partagés dans la charité au repas des disciples, mais aussi pain des voyageurs, qui reconstitue sans cesse les forces du Peuple en marche. On a un bel exemple de l'alternance de ces trois significations dans le message du Seigneur au prophète Élie (1 R 19, 4-8) qui, étant découragé de marcher, s'entend dire: «Lève-toi» (attitude diurne), «mange» (geste nocturne) et «marche!»

La CROIX

Sa verticalité diurne exprime la tension vers le haut, vers le spirituel et le divin. Au plan chrétien, c'est l'effort pour accomplir en tout la volonté du Père et pour essayer d'être parfait comme Lui, selon l'invitation de Jésus. L'horizontalité des bras désigne l'incarnation dans le monde concret et l'ouverture aux sollicitations des réalités terrestres: en somme la proximité de tout ce qui est humain. La rencontre dynamique de ces deux dimensions dans le signe (+) exprime une énergie de progrès vers l'avant. On a là le plus complet des symboles chrétiens et le plus riche: le Fils qui y est pendu exprime à la fois son attachement à la volonté du Père, par ses bras ouverts, son grand amour pour l'humanité, et la tension entre ces deux exigences, la déchirure qui l'a fait mourir. De sa mort, par don gratuit du Père, germera le plus puissant courant d'énergie, la seule espérance pour la terre, car une brèche est désormais ouverte en avant dans l'issue inéluctable de la mort. C'est avec raison que la liturgie s'écrie alors: «O crux ave, spes unica!», «Salut ô Croix, notre unique espérance!»

La secte et la gnose ont tendance à réduire ces symboles

Nous croyons qu'un comportement religieux qui s'inspire d'une seule dimension de ces images crée une approche tronquée de la réalité chrétienne. Il ne faut pas croire cependant que ce sont uniquement les sectes et les gnoses qui limitent ainsi le mystère chrétien. Il y a dans tout chrétien une telle tendance à une vision unilatérale des données de la foi; c'est dans la tête et dans le cœur qu'on est d'abord sectaire ou gnostique à ce point de vue. L'histoire des dernières décades de l'Église catholique pourrait nous révéler chez beaucoup de ses membres de telles réductions qui existaient déjà en germe. Une religion tournée uniquement vers la morale et le respect de la loi (et l'exclusion des impies) ou concentrée exclusivement sur les dévotions et le bien-être des petits groupes de partage, opère à son insu de sérieuses amputations dans l'organisme vivant du christianisme. En d'autres mots, chaque fois qu'on tourne le dos à la dimension synthétique de la mission et de l'engagement pour la construction du Royaume, on n'accepte de se nourrir qu'à quelques racines de tout le grand arbre ecclésial et on risque de se retrouver avec une foi anémique ou déviée.

La bonne santé de la vie chrétienne ressemble donc à celle

de tout être vivant. De la même manière que les organismes disposent en eux-mêmes de virus, de bactéries et d'anticorps qui équilibrent leurs influences mutuelles et que la maladie résulte de la prédominance de l'un sur les autres, ainsi l'insistance sur un régime de symboles au détriment des autres, le diurne sur le nocturne, ou vice-versa, appauvrit la vie spirituelle. Si les sectes et les gnoses ont pris pied si rapidement chez nous, c'est que des pierres d'attentes existaient bien avant leur arrivée. Les changements sociaux qui ont heurté les valeurs d'ici n'auront servi que de déclencheurs à ces déséquilibres. Les groupes qui prendront forme, contribueront à formuler de manière plus articulée des déviations qui étaient déjà à l'œuvre. La situation des groupes sectaires et gnostiques aux deux pôles extrêmes du spectre de la vie spirituelle, témoignent en même temps du besoin de réharmoniser ce qui a été séparé, de réintroduire les symboles utilisés dans une synthèse dialectique. Les images qui favorisent au mieux cette réconciliation nous semblent être celles qui balisent l'évolution du christianisme, celui de la Tradition reçue des Écritures et qui ne souffre aucune diminution. C'est à travers la foi proclamée par les grandes Églises que nous les retrouvons à l'œuvre dans la vénération des trois figures divines qui chapeautent chacun des régimes de symboles: le Dieu qui est, le Père Très-Haut, Éternel et Tout-Puissant, le Dieu qui était, l'Esprit Saint qui habite nos profondeurs et le Dieu qui vient, le Christ qui apparaîtra un jour dans la gloire!

La secte ressemble davantage
à une religion exclusive du Père

En privilégiant les symboles diurnes, les sectes vénèrent un Christ qui est avant tout la révélation du Père, de l'Éternel. Jésus y est apprécié surtout comme Fils divin et grand prophète, nouveau Moïse, nouvel Élie, annoncé par Jean-Baptiste qui le présente comme plus grand que lui. C'est un Jésus apparenté au Baptiste, héros diurne, dont on retient la voix qui criait dans le désert et qui menaçait de la colère qui vient, pour le partage des fruits sains et pour la purifi-cation des autres dans le feu (Mt 3, 10-12). Dans cette même visée, on reconnaît surtout ici le Jésus exorciste, qui chasse les démons, qui impose son autorité aux possédés et fait tomber «Satan du ciel comme l'éclair» (Lc 10, 18). C'est aussi le Jésus qui appelle au choix moral, à la décision urgente en vue d'une perfection qui n'a pas de limite, à l'image du Père céleste. La conversion radicale est exigée par celui qui sera fidèle en tout à la volonté d'en-haut et dont le Nom sera souverainement élevé. Ce Jésus est aussi le Maître de Vérité dont la Parole confond tous les traquenards de ses adversaires. Il est le Saint, c'est-à-dire le séparé et le pur; il est celui qui dénoncera la religion superficielle des siens et qui entreprendra de purifier le Temple. Ceux qui le sui-vent le pousseront à devenir une sorte de thaumaturge, un Héros combattant, le Roi tout-puissant dont on avait besoin pour inaugurer la guerre sainte contre l'occupant.

C'est ce Jésus moins humain que divin, que l'on a tout tiré du côté diurne, qui semble inspirer davantage la ten-dance sectaire. C'est encore celui qui commande à la tem-pête, qui se révèle sur le mont Thabor revêtu de lumière, qui fait l'objet de plusieurs interventions du Père et qui reviendra bientôt, debout sur les nuées, pour juger les vivants et les morts.

La gnose fait penser plutôt à une religion exclusive de l'Esprit

La gnose s'inspire également, dans certains de ses cou-rants, de la personne du Christ, mais en isolant sur son visage les traits opposés à ceux choisis par la secte. C'est le Jésus fils de Marie, celle «qui conservait les choses dans son cœur»... le Jésus homme, dont l'existence se déroule surtout dans l'horizontalité de la vie cachée et dans la pro-fondeur de la méditation. C'est le Maître de Sagesse, ins-piré par le quotidien, proche de la nature et qui sait déchif-frer les signes des temps (Mt 24, 32). Ce Jésus révèle sur-tout le Dieu par en-dedans, l'Esprit Saint et il exerce une connaissance qui est de l'ordre de l'intuition mystique. Proche des hommes, il est ouvert à toutes les situations, sympathique au publicain comme au samaritain. Il accepte de côtoyer tous les miséreux, les marginaux, les malades et les rejetés comme les femmes et les enfants. On ne retrouve pas chez lui les raideurs du Jésus diurne qui s'apparentait davantage aux Pharisiens.

La Loi que ce Jésus met en évidence n'est pas celle du Sinaï, mais la nouvelle charte promulguée sur la colline des Béatitudes, en pleine nature, en face du lac et au milieu des plantes. Elle est faite de pardon, d'accueil, de douceur. C'est cet esprit qui bouleverse les conventions, qui amène Jésus à être le convive des pécheurs. À la table des amis, Jésus vient inverser toutes les valeurs courantes: que celui qui veut devenir le plus grand, ambition bien diurne, se fasse le plus petit et soit comme celui qui sert (Jn 13, 12-15). Sa Sagesse surprenante vient montrer que pour entrer dans le Royaume, il faut transformer son esprit, se faire humble comme le grain de sénevé, accepter de perdre sa vie pour la gagner. Dans l'infiniment petit se cache la puissance la plus grande. C'est ce Jésus qui invite à mourir, car la mort cache une autre vie, autant de thèmes que la gnose interprète à son avantage. Jésus est le Maître de la vie profonde, celui qui annonce la venue de l'Esprit qui enseignera toute connaissance (Jn 14, 26-27).

C'est ce Jésus à qui les hommes religieux de son temps refuseront le titre de Prophète, parce qu'il s'était laissé toucher et laver les pieds par une pécheresse (Lc 7, 36-50). C'est aussi celui qui perdra son titre de «pur» pour avoir osé s'inviter chez le plus corrompu des publicains, Zachée, en lui apportant le pardon et la réhabilitation (Lc 19, 1-10). Inversion, renversement de situation, proximité des choses concrètes et des plaisirs de la table, familiarité avec la mort, révélation de sens cachés au commun, voilà autant de caractéristiques du monde nocturne auxquelles la gnose tend à rattacher le personnage de Jésus.

Le véritable Jésus a été la synthèse de ces deux images

Les évangélistes nous montrent un Jésus beaucoup plus complexe et plus unifié à la fois. C'est sur la croix, si on se réfère aux premiers textes écrits qui ont circulé dans les communautés chrétiennes, qu'on a contemplé d'abord Jésus de Nazareth. Fixé sur cet arbre où il donne sa vie, on y a vu la plus belle manifestation de sa personnalité profonde, celle du Serviteur à la fois adorateur de la Loi (diurne) et consacré au salut de ses frères et sœurs (nocturne). Tout tendu vers le Père, Jésus garde les bras ouverts, manifestant ainsi sa mansuétude pour toute l'humanité, son amour et sa préoccupation pour les brebis perdues. C'est la synthèse de ces deux dimensions qui définit le mieux Jésus; c'est elle qui va le déchirer aussi. Puisqu'il a ainsi aimé les siens, Dieu lui donnera le Nom qui est au-dessus de tout nom et fera de lui le Seigneur de l'univers, le Maître du Royaume à venir. Voilà le véritable Christ qui révèle à la fois le Père et l'Esprit Saint, celui qui est non seulement la Vérité (diurne) et la Vie (nocturne) mais aussi la Voie, le Chemin du chrétien. Sorti du Père, ayant marché abondamment sur nos routes, il s'en est allé construire le Règne de Dieu. Sa mort a généré une nouvelle piste ouverte vers l'avant, celle de la Mission à laquelle participent ses véritables disciples. C'est ce Jésus qui, durant son passage en Palestine, ne cessait d'envoyer en avant, de remettre sur la route non seulement ses apôtres, mais aussi tous les pécheurs et les malades: «Va, ta foi t'a sauvé!»... «Lève-toi et marche!»... «Je me lèverai et j'irai vers mon Père»... «Allez, enseignez toutes les nations!», ces phrases sont tellement typiques de la mentalité évangélique, que nous oublions leur signification originale. L'Église leur répond, à la fin du sacrifice eucharistique, en envoyant à son tour les fidèles à leur mission dans le monde: «Allez dans la paix du Christ!» le «va» auquel correspond la démarche de l'Église est le résumé de tout le message chrétien.

Le grand symbole de la route et du Peuple en marche est donc le thème fondamental de toute la vie chrétienne: c'est le long de cette arête qu'elle se construit de façon prioritaire, soit en suivant Jésus ou mieux, en allant à sa rencontre, car Ressuscité et toujours Vivant, il est déjà agissant au bout de chacune de nos routes. Il est intéressant de noter comment l'aventure chrétienne est avant tout un cheminement et comment les témoins les plus authentiques du Maître sont des personnes qui ont dû franchir les étapes de cette voie qui va d'un régime spirituel à un autre, jusqu'à la synthèse finale. Saint Paul en est le plus clair exemple, son itinéraire étant typique du parcours chrétien: d'abord pharisien, héros (visuel) et défenseur farouche de la Loi, après la lapidation d'Étienne dont il est complice, il part chasser les chrétiens hérétiques. Et voilà qu'il va être jeté à bas de son cheval pour entrer dans un autre univers. Devenu aveugle, il sera forcé de devenir auditif, d'écouter et de pénétrer au fond de lui-même. Guidé par le sage Ananie qui lui imposera les mains et lui révélera l'Esprit Saint laissé par Jésus (Ac 9, 17-18), sa situation est inversée, sa vie retournée comme un gant. Retrouvant la vue, Paul deviendra l'Apôtre des nations, le grand marcheur qui choisira de parcourir le monde pour annoncer la victoire du Crucifié toujours vivant.

Il est significatif de constater que ni la secte ni la gnose ne tiennent grand compte de cette dimension de l'engagement dans les structures du monde pour le Royaume, l'une parce que le monde est déjà condamné et que seul le Christ peut y faire quelque chose, l'autre parce que la seule vraie réalité est intérieure et que la matière est suspecte. Voilà la principale pierre d'achoppement de ces groupes: ils ont les mains tellement propres, qu'ils finissent, comme dit le philosophe, par n'avoir plus de mains. Le christianisme, au contraire, est une marche vers l'avant, souvent sur la corde raide, en constant équilibre entre les deux durcissements de droite et de gauche, en tension vers le monde nouveau qu'il veut construire, en préparation du Retour définitif. Ainsi les Églises, l'Église catholique en particulier, n'abandonnent jamais de faire à leurs fidèles un devoir pressant de s'engager dans les structures du monde. «Le message chrétien ne détourne pas les hommes de la construction du monde et ne les invite pas à se désintéresser de leurs semblables», résumait le Concile, dans sa constitution sur l'Église dans le monde de ce temps. Les pasteurs et chefs du Peuple de Dieu ne cessent de reprendre ces paroles, tels le pape Jean-Paul II, parmi des centaines de rappels, s'adressant aux ouvriers de Guadalajara, au Mexique, en janvier 1981: «Vous devez construire un monde nouveau, dans lequel habitera la justice et la fraternité, anticipation du Règne de Dieu, dans lequel il n'y aura plus de carences ni de limitations.» Présenter un Christ qui serait exclusivement prophète ou exclusivement maître de sagesse offre le risque qu'il serve plutôt de prétexte à la sécurisation, comme une sorte de tranquillisant qui aurait pour effet de confirmer les gens dans leur désir de fuir le quotidien.

Quelques autres symboles où s'exprime cette marche en avant

Nous avons signalé en plus du symbole de la route et du peuple en marche, le symbole essentiel de la croix où est pendu le Fils. Ce symbole est de beaucoup antérieur au christianisme mais il prend avec lui un sens nouveau, celui de la plus complète des synthèses où le matériel et le spirituel, le ciel et la terre s'unissent pour préparer la transformation finale. Il faudrait aussi signaler, pour terminer cette réflexion, le grand symbole de l'*arbre* où s'exprime bien le dépassement de l'opposition diurne-nocturne, dans l'harmonie des contraires. Vertical par son tronc qui tend vers la lumière, horizontal par sa ramure qui abrite toutes sortes d'animaux et profond par ses racines qui s'enfonce dans l'humus et dans la terre-mère, l'arbre exprime bien l'union des contraires qui engendre la croissance. Symboliquement, un arbre est vu comme pouvant toujours grandir: le Royaume de Dieu lui est souvent assimilé (Mt 13, 31-32). Dans les hymnes chrétiennes la croix de Jésus est comparée à l'arbre de vie qui remplace celui où Adam connut la mort, et qui donne la vie éternelle. Il y a aussi le symbole de la *spirale* qui illustre le temps de la vie chrétienne. Elle est la synthèse du vecteur qui symbolise la temporalité diurne et du cercle qui rappelle la conception nocturne du temps qui revient sur lui-même. La vie de l'Église se déroule ainsi sur un cercle, apparemment toujours le même, qui est l'année liturgique; mais à chaque fête de Pâques, un degré de plus est franchi vers l'eschatologie, une maturation nouvelle est acquise en vue du retour glorieux du Christ. La *musique* enfin qui tient une place de premier plan dans l'expression de la foi est aussi un merveilleux symbole synthétique. Constituée de l'équilibre et de l'échange dynamique entre le rythme diurne, bien encadré et mathématique, visuel et triomphant, et la mélodie nocturne, plus libre, évocatrice et spontanée, la musique fournit, comme les heures d'une montre, une direction unique au temps; elle accompagne le vécu quotidien du Peuple de Dieu, stimule ses forces et évoque déjà les hymnes glorieuses qui entoureront l'Agneau vainqueur.

Ainsi donc, aux mondes spirituels diurne et nocturne que nous avons vus s'opposer et s'exclure mutuellement dans les pages précédentes, vient s'ajouter un autre régime symbolique, celui de la synthèse où le christianisme intégral se meut comme dans son environnement le plus familier, soit la religion du Christ Crucifié-Ressuscité, Homme et Dieu, Prophète et Maître de sagesse, à la fois Vérité, Vie et Voie du monde. C'est sans doute en méditant sur la profondeur de ce mystère d'Amour où tout s'unifie et veut se parfaire, que saint Paul tentait de résumer toute son expérience du christianisme en disant: «Je n'ai voulu savoir parmi vous rien d'autre que Jésus Christ et Jésus Christ crucifié» (1 Co 2, 2)… «que jamais je ne me glorifie, sinon dans la croix de Notre Seigneur Jésus Christ» (Ga 6, 14). «C'est lui, le Christ, qui est notre paix: des deux, Israël (la religion diurne/prophétique) et les païens (la religion nocturne, d'inspiration naturelle), il a fait un seul peuple; par sa chair crucifiée, il a fait tomber ce qui les séparait, le mur de la haine, en supprimant les prescriptions juridiques de la Loi de Moïse. Il voulait ainsi rassembler les uns et les autres en faisant la paix, et créer en lui un seul Homme nouveau. Les uns comme les autres, réunis en un seul corps, il voulait les réconcilier avec Dieu par la Croix…» (Ép 2, 13-16).

Chapitre XI

DEVANT CES NOUVEAUX GROUPES QUOI PENSER ET COMMENT SE COMPORTER?

Ne pas exagérer le phénomène comme s'il était catastrophique et ne pas paniquer face aux événements que nous vivons, voilà l'attitude de sagesse à adopter! Car ils font partie d'un mouvement beaucoup plus vaste de renouveau spirituel, d'une envergure telle que les Églises en sont marquées elles aussi. Il faudrait conserver à l'esprit, lorsque nous sommes témoins du passage d'un de nos proches à ces groupes, le renouveau de la prière observable dans l'Église catholique, le regain de la vie communautaire depuis 20 ans, les initiatives plus récentes d'éducation de la foi et tous les efforts oecuméniques. Il y a aussi le témoignage de leurs convictions spirituelles dans les divers milieux de vie et l'engagement plus marqué dans leurs communautés d'appartenance, qui commencent à dessiner des contours plus précis chez les gens d'ici. C'est sur ce fond de scène plus large d'un changement profond des mentalités qu'il faut situer, pour la mieux comprendre et évaluer, l'apparition des sectes et des gnoses. Ajoutons que s'il y a des feux de paille et des emballements qui ne durent pas chez les nouveaux convertis de l'Église, il y en a tout autant dans ces groupes, surtout s'ils sont constitués en associations plus ou moins fermées; la vie communautaire n'y est pas plus facile là qu'ailleurs, pas plus qu'un cheminement spirituel persévérant et authentique.

Il faut se souvenir aussi qu'il n'y a pas que des contrastes et des oppositions entre la foi traditionnelle et la démarche de ces groupements. De part et d'autre, on s'efforce de mieux connaître Dieu et on est mobilisé par la découverte de l'Absolu et du Sacré. La personne de Jésus, quelle que soit la variété des visages qu'on y projette, est vénérée et respectée comme un guide exceptionnel sinon comme la véritable révélation du Père; cela vaut tout de même mieux que de l'athéisme confortable! Il y a aussi la poursuite du mieux-vivre: face au relativisme moral de nos sociétés, on est en recherche, dans plusieurs sectes et gnoses, de véritables valeurs de vie, autant éthiques, qu'alimentaires et hygiéniques. Quand le catholicisme s'est-il préoccupé du bien manger et de l'hygiène physique et mentale, autant que les adventistes et que de certaines associations gnostiques? Cette recherche d'une nouvelle qualité de vie, qui s'inscrit dans le cadre plus large du mouvement écologique, en quête d'une harmonisation des personnes avec la nature et le cosmos, n'est pas une mince acquisition dans le paysage religieux québécois. Face enfin au matérialisme épais de nos sociétés d'abondance, on peut percevoir une solidarité de fond de tous ces chercheurs de Dieu dans une même contestation du matérialisme, ainsi qu'une même prospection des terrains d'avenir.

De grandes divergences nous séparent cependant au sein de cette recherche, dont il faut être conscients. Face aux sectes, est-il nécessaire de rappeler que certaines (Mormons, Témoins de Jéhovah) ne sont pas chrétiennes car, malgré leurs recours constants à la Bible, elles ne reconnaissent pas Jésus comme vrai Dieu et vrai homme. Certaines retombent dans les hérésies condamnées aux premiers siècles de la vie de l'Église, comme l'arianisme (Concile de Nicée en 325) pour qui le Christ n'était plus qu'un homme et le monophysisme (Concile de Chalcédoine en 451) qui ne le considérait que dans sa divinité comme un être purement spirituel. D'autres sectes font preuve d'une intransigeance et même d'un fanatisme qui déconcertent et qui rendent tout dialogue impraticable. Ces groupes portent souvent à l'intérieur d'eux-mêmes le germe de division qui a présidé à leur naissance; tout projet de collaboration, toute recherche d'unité est déclaré par eux non viable en partant. À la première approche, on constate qu'il faut évacuer tout esprit critique si on désire entrer dans l'univers spirituel de ces groupes; donc il y a là le danger d'y perdre sa liberté et son autonomie de personne adulte. Danger aussi d'entrer dans un monde d'idées fixes, où le champ de conscience de la personne doit accepter de se rétrécir à la seule réalité de la doctrine officielle et des modes de vie approuvés. L'atmosphère d'endoctrinement permanent qui y règne finit par édifier des blindages, que bien malin pourrait prétendre percer!

Face aux gnoses, les dangers ne sont pas moindres. Si on est peu connaissant du contenu de sa foi comme l'est une bonne majorité des chrétiens baptisés, il y a le risque de tout mélanger et de confondre des «vessies pour des lanternes» lorsqu'on accède à l'environnement gnostique. Le changement subtil de signification du vocabulaire religieux, comme nous l'avons noté, peut faire penser qu'on est encore en pays de connaissance, alors qu'on vient tout simplement de changer de galaxie. En effet, on y parle fort éloquemment de Dieu, de l'Église, du baptême, de la croix, de la résurrection, de la mort, mais on ne fait plus référence au sens dont deux millénaires de christianisme ont chargé ces mots. Il y a aussi le danger de confier sa «direction spirituelle» à des personnes formées sur le tas, qui n'ont pas encore acquis, à cause de leur jeune âge ou de leur peu d'expérience, la maturité nécessaire pour discerner toute la complexité d'un cheminement sur les voies mystiques. Beaucoup de personnes, on ne peut que s'en étonner, confient naïvement et sans hésitation le trésor de leur vie profonde à des joailliers de pacotilles! L'individu qui n'avait jusque là jamais médité ou prié de manière personnelle, peut vivre un emballement rapide, suite à une séance ou deux de contrôle du souffle ou de récitation de mantras. Une chose cependant est d'éprouver une certaine ivresse mentale ou un moment de détente absolue, autre chose est de persévérer et de tenir le coup dans les aridités, lorsque la nouveauté sera devenue banale…

Il peut arriver donc qu'on s'emballe au contact d'un gourou et des réalités nouvelles qu'il évoque, surtout s'il vient de pays exotiques. On peut croire qu'on a enfin trouvé le Maître parfait et céder ainsi, par sa fréquentation, à l'illusion d'une perfection instantanée, mirage qui n'est pas peu fréquent à notre époque de gadgets et de «fast food». On peut être porté alors à s'isoler dans sa tour d'ivoire et à ne plus vouloir condescendre aux problèmes de la vie quotidienne et au contact des gens moins sages et moins avertis. Sans le savoir, on est alors sous un charme, on est victime d'une séduction ou d'un envoûtement qui pourrait conduire, à la limite, jusqu'à certains déséquilibres psychiques. On ne manipule pas, en effet, ces techniques de voyage astral, d'hyperventilation du système sanguin, de lévitation, de vide mental (surtout si on n'a pas une connaissance suffisante des cultures et des philosophies où elles ont été expérimentées) sans éprouver quelque dissociation, distorsion ou distanciation par rapport aux choses simples de la vie courante où il faudra redescendre, ne serait-ce que pour gagner sa vie! Il y a, par conséquent, des risques de fuir dans le vide et de perdre contact avec le quotidien, à pratiquer ces expériences de fusion dans le divin qui sont communes dans la démarche gnostique.

Quelles attitudes prendre face aux personnes passées à ces groupes?

Malgré les efforts de renouveau de la pastorale de nos Églises, nous aurons à faire face, pour un bon bout de temps, à des personnes, membres de notre famille, copains de travail ou propagandistes qui passent de porte en porte, qui viendront contester notre foi et mettre en doute notre salut. Quelles attitudes adopter alors, devant ces personnes, qui soient respectueuses des valeurs de l'Évangile, à la fois de la charité, de l'écoute et de la vérité? Nous énumérons ici quelques consignes susceptibles de guider notre conduite.

1. En conservant en mémoire la parabole du bon grain et de l'ivraie et la recommandation du Seigneur de ne pas

moissonner nous-mêmes, éviter de couper les liens avec ces personnes, ou de prendre à leur égard des mesures d'intolérance ou d'avoir des réactions de violence. Si le comportement de la personne est franchement mauvais (fauteur de troubles dans la parenté, harcèlements, menaces, paroles injurieuses) aller à sa rencontre en se faisant accompagner d'autres personnes croyantes et lui indiquer sa conduite répréhensible. Dans le cas où elle ne voudrait rien entendre, vaut mieux la «retrancher de la communauté» selon le conseil de Matthieu (18, 15 et ss), c'est-à-dire s'abstenir de contact avec elle. Il faut faire preuve cependant de beaucoup de discernement dans cette situation, pour ne pas éteindre «la mèche qui fume encore», en tentant de comprendre l'ardeur que lui donne ce qu'elle considère comme sa découverte de Dieu. Il ne faudrait pas non plus perdre de mémoire ces attitudes discriminatoires et tous les préjugés qui ont eu cours dans notre Église, il n'y a pas tellement longtemps, vis-à-vis ceux que nous appelons aujourd'hui nos frères (et sœurs) séparés.

2. Sans la juger, sans l'approuver ou la blâmer, accepter inconditionnellement cette personne dans ce qu'elle vit. Il est bon de s'intéresser positivement à ses découvertes sur Dieu et la vie spirituelle, si elle accepte de s'en ouvrir, surtout s'il s'agit d'une personne autrefois incroyante ou dont la pratique religieuse n'avait aucune signification. Dans la foi, chercher à voir dans ce frère ou cette sœur quelqu'un qui cherche sincèrement le visage de Dieu et qui vient de s'ouvrir à des horizons qui, pour nous, seraient depuis longtemps familiers; prier et lui demander de le faire en sa compagnie, afin que l'Esprit conduise sa recherche jusqu'à la Vérité toute entière. Le test de la prière est très révélateur de la transparence de la personne face à son cheminement. Il n'est pas rare qu'on fasse fuir assez efficacement certains colporteurs religieux en les invitant à formuler ensemble une prière commune aux chrétiens.

3. Ne pas entrer dans des discussions sur la Bible ou sur la doctrine chrétienne, car la manière des sectes d'interpréter la Parole de Dieu est radicalement différente de celle des

chrétiens traditionnels. Outre qu'il faudra souvent s'entendre sur le texte de la «vraie» Bible, il y a danger d'abréger la discussion par des compromis qui seront toujours à notre détriment. On risque alors, surtout si on est mal préparé ou si on a une foi peu appuyée sur une étude des textes bibliques, de mal exposer sa propre doctrine ou d'accepter des conclusions qui sont contraires à son Credo. Les candidats des sectes qui passent à nos portes ont eu à subir des séances d'entraînement, ils sont habitués à la discussion et surtout ils possèdent une panoplie de citations qui se répondent et se complètent les unes les autres, de telle sorte qu'on peut facilement s'y perdre. Vaut mieux alors échanger avec ces gens sur leur expérience de Dieu et sur les motivations qui les poussent à témoigner aussi hardiment de leur foi.

4. Savoir reconnaître les parcelles de vérité qui font vivre ces personnes et qui souvent se dissimulent dans l'ensemble de leurs affirmations. La vérité rend libre et alimente la vie; personne ne la possède entièrement pour lui seul. Si ces gens ont vu leur vie éclairée un jour, c'est qu'un pan de lumière leur a été accessible. Peut-être vivent-ils de vérités qui font partie de l'héritage chrétien et que l'Église a sous-estimées ou dont elle a fait moins de cas à certaines époques. Pensons à la doctrine traditionnelle sur les anges, sur le purgatoire et sur le rôle de l'Esprit Saint qui réapparaît, même maquillée et transformée, dans les doctrines gnostiques. Il arrive aussi parfois que ces groupes dénoncent des déviations ou ce qu'ils ont évalué comme tel, dans la pratique des catholiques; face à un témoin de Jéhovah qui nous reproche d'adorer la sainte Vierge ou de vouer un culte aux statues, se souvenir que nous avons déjà eu des comportements qui ressemblaient à ces déformations.

5. Ne pas oublier la déclaration du Concile Vatican II sur la liberté de conscience et sur le respect à porter à l'itinéraire intérieur des personnes. Il peut arriver que l'Esprit Saint nous lance un appel à travers le comportement des nouveaux groupes religieux, une invitation à nous convertir en profondeur, à découvrir qu'un christianisme vigoureux et bien éduqué est le meilleur remède contre les erreurs

qu'on peut reprocher à ces mouvements. Se souvenir également de la déclaration du Concile sur l'oecuménisme, où il est dit que l'Église ne rejette rien de ce qui est saint et vrai dans les autres grandes religions et qu'elle considère avec respect leurs manières de vivre et d'agir, qui souvent apportent un rayon de vérité apte à illuminer bien des hommes.

6. Éviter de reconnaître trop vite, cependant, dans l'affirmation de l'autre, une formulation de la même vérité que nous portons dans notre foi. Tolérance et ouverture ne sont pas synonymes de naïveté. Les rapprochements du type «nous disons finalement la même chose» constituent ce qu'il est convenu d'appeler du «faux irénisme», soit de l'amitié qui se fait au détriment de la vérité et qui empêche chacun de grandir ou de creuser jusqu'au fond sa propre citerne. On risque, dans ce contexte, d'en arriver à la conclusion que toutes les religions se valent et de tomber dans une sorte d'indifférentisme religieux. Chaque personne doit se considérer comme un pèlerin en marche vers la Vérité, se convaincre que celle-ci nous dépasse et que personne ne peut prétendre la transporter à lui seul dans ses valises.

Ainsi respectueux de la vérité, le danger sera moindre de se laisser ébahir par toutes les promesses que véhiculent ces groupes de libération, de perfection et de plein accomplissement de soi. On sera plus critique face à la publicité qui fait état des pouvoirs supra-normaux auxquels donne accès la pratique régulière d'une ou de l'autre forme de méditation[52]. On n'hésitera pas non plus à dénoncer les supercheries dont on pourrait être témoin.

7. Il faut enfin préparer un terrain d'atterrissage pour ceux et celles qui voudraient revenir à la pratique de l'Église, afin qu'ils ne se sentent pas jugés mais plutôt accueillis dans la fraternité. Afin qu'ils sentent aussi que le bout de chemin fait dans ces groupes leur permet peut-être d'apporter un peu de vin nouveau à la communauté. Il serait opportun de préparer des lieux pour assurer leur insertion, pour répondre à leurs questions et leur permettre de poursuivre leur cheminement, tout en incitant les autres chrétiens à pro-

fiter de cet exemple pour entreprendre eux-mêmes une démarche d'éducation de leur foi.

En somme, l'équilibre à conserver se situe quelque part entre l'attachement inconditionnel à sa propre tradition religieuse (diurne) et l'acceptation inconditionnelle de l'expérience de l'autre (nocturne) dans une synthèse qui est toute attitude qui s'inspire de l'amour chrétien. «J'aurais beau avoir une foi qui déplace les montagnes, j'aurais beau posséder une connaissance complète des mystères de la création, si je n'ai pas la charité, cela ne me sert de rien!» (saint Paul)

CONCLUSION

Nous allons maintenant conclure cet inventaire en dégageant quelques interrogations que ces nouveaux groupes posent à l'Église et aux croyants d'ici. Une telle efflorescence sur le terrain québécois ne peut s'expliquer, en effet, par la seule abondance des semences étrangères qui ont couvert en une quinzaine d'années les sillons cultivés jusqu'ici par l'Église. Il y avait dans ce champ des pierres d'attente, des prédispositions à accueillir ces messages. En évoquant certaines lacunes dans le christianisme d'ici, nous voudrions dresser une liste des remèdes préventifs qui aideront les communautés chrétiennes à retrouver toute la vitalité de leur foi.

Le noyau de la foi chrétienne est ignoré par la plupart des baptisés

Nous prendrons conscience d'abord de la grande ignorance religieuse de notre peuple. Il est bien connu que nous n'avons jamais eu à défendre collectivement nos convictions religieuses. Pour franchir nos frontières, le passeport a été longtemps l'appartenance à la foi catholique. Pendant que les autres pays étaient aux prises avec des guerres de religion, nous avons eu la chance de conserver tranquillement le dépôt de nos ancêtres. Mais il y a eu une contrepartie: il nous a suffi de répéter les réponses de nos catéchismes ou de réciter par cœur les commandements de Dieu et de l'Église, pour nous croire compétents en matière de foi.

Nous avons confondu la mémorisation des grandes propositions de notre héritage catholique, avec la compréhension en profondeur de la Tradition chrétienne. Nous avons vécu sur l'erre d'aller pendant des siècles. En dehors des efforts de l'action catholique spécialisée et de quelques associations d'apostolat, nous ne nous sommes pas donné de projet d'éducation de la foi des adultes, sauf depuis une décade. Nous avons soigné l'initiation catéchétique des enfants en prenant pour acquis que leurs parents y étaient déjà familiarisés. Nous constatons aujourd'hui que la transmission du contenu de la foi ne s'est pas effectuée d'une génération à l'autre et que les courtes homélies des dimanches sont insuffisantes, chez les pratiquants, pour assurer l'assimilation en profondeur du donné révélé.

L'essentiel de la foi, le noyau central du mystère chrétien est méconnu pratiquement par la majorité des fidèles. Ils ne peuvent en vivre de façon réfléchie et en connaissance de cause, même s'ils en saisissent intuitivement les exigences. Dans les discussions encore nombreuses sur la religion, on s'arrête plutôt à des aspects secondaires de la foi, comme les pratiques qui ont été modifiées par Vatican II: on parle avec volubilité de l'ancien jeûne eucharistique, du mariage des prêtres, de l'ordination des femmes. Mais dans ces échanges circulent un nombre impressionnant de petites hérésies qui, sans être trop conscientes, démontrent que des pans entiers de l'Évangile n'ont pas été assimilés: notons l'idée d'un destin (l'antique «fatum») qui conditionnerait toutes les étapes d'une vie, l'idée d'un Dieu lointain et pratiquement indifférent à nos misères, sinon carrément punisseur, l'image pâlotte d'un Jésus Christ qui ne serait pas encore sorti de la crèche, le salut qu'il faut mériter à force de sacrifices et de renoncements, le marchandage avec Dieu ou les saints pour obtenir une issue heureuse à ses projets, etc... On ne connaît évidemment pas les richesses de la tradition chrétienne accumulées depuis 2000 ans. On est inapte à faire une lecture élémentaire du Nouveau Testament et on ignore les grandes propositions des premiers siècles de l'Église sur la Sainte Trinité, sur la personne de Jésus Christ, sur la place de Marie dans la Rédemption, sur l'Église et les sacrements. On n'a pas non plus une idée très claire sur les mouvements de spiritualité qui, au cours des siècles, ont fait naître tant de saints dans l'Église, ceux-là mêmes qui sont venus établir, souvent au prix de leur sang, les assises de l'Église canadienne.

Une des principales lacunes nous semble cependant l'ignorance du pardon de Dieu et de sa «hauteur, largeur et profondeur», qui explique tant de culpabilité refoulée face au divin. Dieu est encore, pour beaucoup, celui qui n'attend que notre trépas pour examiner la «boîte noire» où est enregistrée notre conduite morale en cette vie et pour sévir en conséquence. Par crainte de laxisme ou des abus que cette conviction pourrait causer, on hésite à prendre au sérieux les textes bibliques sur la grande miséricorde du Père, à l'effet qu'il a moins besoin de nos bonnes actions que de la confession et de l'accueil de nos faiblesses. Il faudrait retrouver ici la simplicité d'une Thérèse de Lisieux ou d'une Élisabeth de la Trinité pour se convaincre que «se jeter dans les bras de Dieu avec tous ses dégoûts, ses obscurités et ses fautes lui rend plus de gloire que tous les retours sur nous-mêmes et tous les examens de conscience anxieux»… La faveur de l'idée de réincarnation chez nous (plus de 20% des catholiques y seraient favorables selon *Le Devoir* du 8/08/84) peut ainsi s'expliquer par beaucoup de culpabilité inavouée et par la difficulté où l'on est d'admettre le pardon gratuit de Dieu. De là à entrevoir Dieu comme une force plutôt que comme une Personne, il n'y a qu'un pas, corollaire malheureux d'une méprise dont les gnoses profitent à leur avantage.

Beaucoup d'autres aspects de la foi sont laissés en friche. Nous en signalons quelques-uns: quel est le rôle et la place prépondérante de l'Esprit Saint dans la vie chrétienne, celui qui est le maître de la prière, celui qui éduque le cœur des fidèles et leur fait connaître le mystère de Dieu, celui qui vit au fond de nos cœurs comme une présence aimante, une lumière, un guide, un consolateur et le Paraclet, ou encore le défenseur qui nous prémunit contre les accusations de l'Adversaire. Notons aussi la méconnaissance de la Nature comme parole concrète de Dieu. On sait que Dieu parle par l'Écriture, mais que toute la création soit une parole symbolique ou un reflet de l'infinie perfection du Créateur, on est loin de l'avoir encore saisi. Cela donne une contemplation plutôt païenne du cosmos où il devient plus facile d'y percevoir la présence poétique d'une force, d'une harmonie, d'une vague intelligence, que la touche délicate du Père. Notre héritage vibre pourtant encore des échos des Psaumes, des Pères de l'Église ou des saints comme François d'Assise pour qui le soleil, la lune, les étoiles, la mer, le vent, la terre, le roc, les oiseaux, les fleurs et les plantes étaient autant de messages de l'amour, de la fantaisie et de la créativité sans limite de «Celui qui danse dans l'univers».

Nous pourrions ajouter certaines autres doctrines moins fondamentales, mais aptes à rejoindre la sensibilité religieuse populaire: la doctrine traditionnelle sur le purgatoire, «l'endroit après le ciel où l'on éprouve le plus de joie» disait Catherine de Gênes, le rôle des anges dans la direction du cosmos et dans l'accompagnement des humains, etc... Tous ces renseignements, faute d'être transmis, sont récupérés entre autres par les gnoses qui en font assez promptement leurs biens. Ainsi, devant la propagande envahissante de ces groupes, on se sent appauvri et on leur oppose assez peu de résistance, ne disposant pas des rudiments élémentaires de la pensée chrétienne sur les thèmes qu'ils proposent.

Nous n'avons pas encore assez de petites communautés chaleureuses

La grande assemblée des pratiquants du dimanche, malgré les efforts et l'animation des comités de liturgie, reste souvent assez froide et anonyme. Les gens viennent s'y acquitter d'un devoir, accomplir, comme on dit, le précepte plutôt que de faire une rencontre avec la Bonne Nouvelle du Ressuscité et la communauté des frères et sœurs baptisés. L'habitude d'aller à la messe, comme on va s'acquitter de ses autres obligations de vie en société, n'est pas prête d'être déracinée chez nous. Avec une mentalité de plus en plus colorée par les réflexes de la consommation, on va généralement à l'église pour recevoir un service plutôt que pour participer à une fête où l'on est tous des célébrants à part égale. Il faudra donc, de plus en plus, dans le cadre des paroisses ou ailleurs, rendre disponibles des groupes où règne la fraternité, où chacun(e) peut se sentir accueilli(e) et reconnu(e) pour ce qu'il (elle) est, où il est possible de partager la parole de Dieu, le témoignage de sa foi et la prière spontanée. La personne en difficulté — les années qui viennent vont continuer de multiplier les cas de détresse — pourra s'y réfugier en étant certaine d'être comprise, soutenue et encouragée. Il ne faudra pas attendre cependant qu'un prêtre soit là pour qu'on se réunisse. Le rôle du pasteur sera davantage celui d'assurer les communications de ces cellules avec le grand groupe, la paroisse apparaissant ici désormais comme une «communauté de petites communautés». Il faut se féliciter du nombre croissant des groupes de prière, des équipes de formation biblique et d'assistance aux plus démunis, qui naissent de nos jours au sein de l'Église. Les rassemblements du Renouveau charismatique, les communautés Cursillistes de plus en plus nombreuses et actives, celles de la Rencontre, de la Flambée pour les jeunes et tous les autres mouvements sont une source d'espérance très vive en ce sens. Il reste à assurer que ces petits noyaux aient accès aux sacrements sans trop grever le temps disponible des prêtres et qu'ils ne perdent pas leurs liens avec la grande assemblée paroissiale ou diocésaine, qui assurera leur unité.

Les sacrements sont trop souvent vécus comme des rites magiques

En pratique, beaucoup de nos chrétiens ignorent tout de la rencontre particulière avec Jésus Christ qui s'opère dans chacun des sacrements, les gestes sacramentels étant des prolongements pour notre temps de ses actions de pardon et de salut. Les symboles utilisés par l'Église pour signifier de manière tangible cette action de Dieu ne sont pas toujours saisis dans toute leur richesse et leur beauté. On comprend pourquoi les nouvelles exigences concernant la préparation des couples au mariage, au baptême de leurs enfants et aux premiers sacrements lorsqu'ils sont d'âge scolaire, causent souvent de petits drames bien superflus. On vient chercher un coup d'estampille et voici qu'on nous propose une démarche de croissance dans la foi qui devra se dérouler au cours de toute une vie. On vient se procurer un objet de consommation individuelle et, autant que possible, de la meilleure qualité, et on nous inscrit, bon gré mal gré, dans un cheminement qui devra être, en plus, communautaire. Ne trouvant plus les sacrements-objets ou les rites sécuritaires que l'on souhaite pour répondre à un quelconque besoin religieux momentané, il n'est pas surprenant qu'on ait eu tendance à faire basculer les nouvelles contraintes attachées à la réception des sacrements. Lorsque les sectes ou les gnoses proposent d'entrer en contact avec la divinité sans avoir à passer par ces intermédiaires, et en n'ayant plus besoin d'autres signes de l'action divine que le sentiment individuel, on peut alors, à souhait, comme on le désire, mettre la main sur Dieu et le plier à ses propres conditions. Il suffira de lui ouvrir son cœur et de sentir sa présence, sans qu'il y ait d'autres responsabilités à assumer en face de qui que ce soit. On n'aurait fait que changer un automatisme pour un autre, toute la dimension communautaire du salut étant alors évacuée. On aura peut-être retrouvé la «bonne vieille religion» qu'on cherchait, mais en perdant une dimension fondamentale de l'héritage chrétien, qui est de marcher collectivement avec le Peuple de Dieu vers le Royaume à venir.

**En insistant trop pour rapprocher Dieu,
on a perdu le sens de son mystère**

Sans contester l'opportunité de cette démarche de la nouvelle catéchèse et de l'homélitique qui ont fait découvrir aux fidèles le visage d'amour et de miséricorde de notre Dieu et ont corrigé les excès du rigorisme d'antan, il reste qu'on a peut-être masqué, pour un temps, que Dieu est aussi le Tout-Autre, le Tout-puissant, le Saint et le Juste. «Dieu est Dieu, nom de Dieu!» criait un auteur connu. Des gens ont retenu de cette approche plus familière, que Dieu est le confident avec qui on peut toujours s'arranger à l'amiable et on sait l'instinct de bricoleur qui sommeille en tout québécois! Il faudrait donc apporter quelques correctifs à cette mentalité, en précisant que, si le pardon de Dieu est sans limite, il n'est pas le grand frère complice de toutes nos bêtises, ni celui qui porte nos valises ou brosse nos souliers! Il est malheureux de constater que la recherche d'intériorité, de mystère et de sacré s'effectue souvent, même chez les catholiques, en dehors des murs des églises. La vague d'intérêt pour l'orientalisme, surtout chez les jeunes, est peut-être une réaction contre un visage du divin rendu trop familier par nos liturgies. Il est urgent que nos célébrations fassent plus de place au mystère de Dieu et au sacré, que notre pastorale offre des expériences de méditation et de contemplation, en lien avec notre tradition et celle de l'Église orientale, si riches en ce sens. Certaines liturgies d'autrefois qui favorisaient l'intériorité et une certaine expérience mystique, en cultivant le sens de l'immensité de Dieu dans l'adoration, n'ont pas été remplacées depuis Vatican II. En parallèle avec l'insistance devenant plus vive ces dernières années sur la nécessité de l'engagement social et politique des chrétiens, ne devrait pas être oubliée la démarche complémentaire d'approfondissement de leur vie spirituelle. Sinon, c'est vers les sectes et les gnoses que les gens se dirigeront pour entrer plus avant dans le mystère de Dieu, d'un Dieu qui ne sera pas toujours Celui de la tradition biblique, malheureusement!

Une préoccupation prioritaire pour ceux et celles qui ne viennent pas

On sait que les enfants et les grands adolescents forment la majorité de nos non-pratiquants. Ils se sentent généralement de trop dans nos églises dont les liturgies sont pensées en fonction des besoins et du vocabulaire des gens d'âge moyen ou des plus âgés. Il est nécessaire de trouver les moyens pour que les jeunes s'estiment mieux accueillis dans nos locaux, qu'ils y trouvent une porte bien ouverte et qu'ils puissent s'identifier à d'autres jeunes. Beaucoup d'étudiants/tes des collèges ont été rejoints par des groupes évangéliques et baptistes lorsqu'ils ont vécu des détresses; ils ont été entourés, accompagnés et conduits à trouver une solution religieuse à leur questionnement. Les projets qui ont pour but de tendre la main aux déclassés, aux gens qui n'ont pas de place nulle part, dont beaucoup de jeunes, sont donc de première importance. Il ne faudrait pas non plus construire une religion pour l'élite; toute une série de rites et de dévotions qui étaient aptes à exprimer la religiosité des gens simples ont été mis de côté depuis le Concile. À l'exemple de Jésus qui n'a pas hésité à laisser saisir la frange de son vêtement par cette femme qui voulait être guérie, magiquement sans doute, il faudrait laisser aux petites gens les moyens de dire leur foi dans nos communautés et ne pas chercher à en jauger le degré ou la qualité, ni le désintéressement des personnes qui demandent à l'Église des services. Entrer dans une secte a souvent été chez nous la suite d'une réaction émotive, provoquée par une rebuffade essuyée dans sa communauté paroissiale.

ÉPILOGUE

Un des fruits de cette réflexion qui avait pour objectif de débroussailler le phénomène si diversifié des nouveaux groupes religieux et de tenter de le décortiquer en regard du christianisme traditionnel, aura été finalement d'arriver au constat qu'il n'est pas facile de vivre le mystère chrétien dans toutes ses dimensions à la fois. C'est une question de dosage et d'équilibre que seul l'Esprit Saint, croyons-nous, grâce à ses dons de science, d'intelligence et de conseil, peut arriver à maintenir dans le cœur des croyants.

Dosage entre la perception de l'Amour de Dieu et de son jugement de miséricorde sur le monde et celle de ses exigences de perfection et de lutte contre le péché. Notre Dieu est à la fois celui qui manifeste en Jésus ses «entrailles de tendresse», qui invite à l'abandon en Lui de nos fautes, et celui qui se révèle comme le Transcendant, le Feu dévorant, le Tout Autre, comme une exigence de conversion radicale et de perfection illimitée. Fixer son regard sur la seule première partie du mystère risque de développer une attitude pessimiste, celle du salut poursuivi avec craintes et tremblements. Face au Saint, le monde apparaîtrait alors comme condamné d'avance au tribunal d'un juge terrible. Par ailleurs, choisir uniquement l'autre visage, comme fait la gnose, fait glisser sur la pente de la tolérance excessive. Dieu se laisse tellement concilier qu'on en vient à pouvoir en faire le tour, à le maîtriser et à l'utiliser à sa guise. Il faut donc conserver, en christianisme, à la fois l'attrait pour le Dieu proche, immanent à la vie humaine, et le respect pour le

Dieu qui dépasse toujours les prises qu'on peut avoir sur Lui. Cette synthèse est celle de l'Amour qui comprend d'instinct que la justice de Dieu, tout en étant très réelle, est un attribut de sa tendresse et non vice-versa.

De la même manière, le chrétien doit tenir à la fois l'idée de son éminente dignité personnelle, celle d'un être qui a du prix aux yeux de Dieu puisque Jésus a donné sa vie pour son salut, et aussi celle de son péché, de son indignité, de son insuffisance. Expérience de la grâce et du péché, reconnaissance simultanée de l'Alliance indéfectible de Dieu et de la liberté, qui est une possibilité réelle de ne pas y répondre et de faillir à son égard. Maintenir la seule dimension du péché de l'homme et de la Colère de Dieu, génère une culpabilité insoutenable, celle du sectaire avant son cri vers Dieu qui le couvrira du manteau du pardon. Par ailleurs, ne considérer que la dignité de la personne conduit parfois à affirmer la divinité de son fond et à n'accepter comme péché que le fait d'être emprisonnée dans la matière. Le christianisme véritable est celui qui admet sans cesse le péché de l'homme et qui, d'autre part, reçoit constamment la réconciliation de Dieu, qui reconstitue chaque fidèle dans sa qualité de fils ou de fille du Père. En somme, le chrétien est celui qui s'avoue radicalement pécheur à cause de ses limites et de sa liberté mal canalisée, et fondamentalement bon en même temps, comme image de Dieu et produit du travail de ses mains.

Pour ce qui est de la conversion nécessaire pour atteindre Dieu, la gnose affirme qu'elle n'est pas obligatoire. Il s'agit de partir d'où l'on est et de cheminer à son rythme, même s'il faut mille générations pour arriver à la lumière. La secte rétorque en maintenant qu'il faut changer de vie et opérer une rupture totale avec son existence antérieure, avec l'histoire en cours et la société, puisqu'il est trop tard pour y changer quoi que ce soit. Le chrétien est plutôt celui qui, se sachant le sel du monde, évite de se compromettre avec la triple concupiscence qui est le champ d'action du Mauvais, celle du Pouvoir, de l'Avoir et du Savoir qui s'érigent en adversaires de Dieu; il n'est pas du monde, mais il demeure dans le monde pour placer sa pierre sur toutes les fondations du Royaume en train de s'édifier. Jamais l'individualisme et le retrait du monde auxquels invitent la secte et la gnose n'ont été des réflexes authentiquement chrétiens.

Quant à la manière dont il reprend contact avec la Parole de Dieu pour y trouver lumière et inspiration, le chrétien, là encore, prend un chemin autre que la secte et la gnose. L'une met l'accent sur la révélation externe qui se présente comme la dictée d'un texte sacré, transmise littéralement par Dieu et par lequel, comme à travers une lunette d'arpenteur, le monde doit être mesuré et jugé; l'autre insiste sur l'auto-illumination qui émerge en chacun, du fait qu'il est un fragment de la divinité, révélation éminemment personnelle qui se module au gré des poussées des forces cosmiques en lui. Avec l'Église, le chrétien croit de son côté que les événements sont la première révélation de Dieu qui intervient d'abord dans l'histoire de son peuple et dans celle des individus. C'est ensuite seulement, lorsque la communauté des croyants a reconnu son action et découvert la volonté divine qui s'y exprime, que l'écrivain sacré formule la Parole ainsi dégagée et la met par écrit pour la postérité. Si chaque fidèle transpose cette procédure pour aujourd'hui, il regarde, dans un premier temps, sa vie pour y reconnaître les traces de Dieu; c'est ensuite à la lumière de la Parole transmise par l'Église qu'il peut y confirmer l'agir de Dieu et qu'il se familiarise avec sa mentalité. Il le fait en lien avec la Tradition et avec le Magistère qui ont pour mission d'effectuer cette interprétation pour l'ensemble de l'histoire humaine et pour le monde de ce temps. Au lieu de puiser dans la Parole pour en tirer, comme d'un dictionnaire, des définitions sur Dieu et le Royaume, il va plutôt vers la Bible pour voir confirmé ce que l'Esprit a déjà fait se lever en lui. En aucun cas la Parole ne lui est apparue comme un météorite tombé entièrement constitué sur la terre des hommes, ni comme une pure formulation issue de la rumination d'un quelconque fond divin. La Parole se révèle à lui de la même manière que Jésus est apparu au monde, lui en qui la révélation du Père se faisait indissolublement humaine et divine à la fois. Ainsi l'histoire profane, quotidienne, terre à terre parfois, peut se révéler aux yeux de la foi comme le lieu où se tisse, sous l'action de l'Esprit, une histoire sainte.

C'est en cela que l'expérience chrétienne en est une de connaissance et de foi: foi pour y discerner l'intervention d'une présence hors de l'ordinaire, connaissance pour en saisir toute la signification et les implications. Le contenu de cette expérience n'est ni une idéologie, ni une philoso- phie, ni un savoir. Elle est folie aux yeux des hommes, car la présence identifiée est celle d'un Crucifié-Ressuscité, à la fois fils de Marie et Fils de Dieu, transformant tous les germes de mort de l'aventure humaine en promesses de Résurrection. En cela elle est suprême Sagesse!

Lac Aylmer, Fête de l'Assomption 1985

NOTES

1. RICHARD BERGERON, *Le cortège des fous de Dieu* (Un chrétien scrute les nouvelles religions), Éditions Paulines, Montréal, 1982.

2. Comité de Pastorale Rive-Sud, *Un nouveau phénomène, la multiplication des groupes religieux* (un éclairage pour les catholiques), Québec, 1982.

3. On trouvera à la fin du volume une liste des principaux ouvrages et articles de revues parus récemment dans les milieux catholiques, sur les sectes et les groupes gnostiques.

4. Cette situation est évidente dans le monde de l'édition et des médias qui doivent, pour survivre, spécialiser leurs produits en les destinant à des auditoires ou à des publics de plus en plus hétérogènes et restreints.

5. À l'émission *Le Point* du 12 janvier 1985, Radio-Canada indiquait le chiffre de 400 nouveaux groupes au Québec. Richard Bergeron, pour sa part, en dénombre 500, *op. cit.*, page 14; le journal *La Presse*, dans son supplément du 13 juillet 1985, page 6, indiquait que 200,000 Québécois/ses adhéraient ou avaient adhéré à ces groupes.

6. Cité par RENÉ GIRAULT et JEAN VERNETTE, *Croire en dialogue*, Droguet-Ardant, Paris, 1979, page 189.

7. Ce sont des termes techniques et communément utilisés qui n'ont pas ici un sens péjoratif, même si les groupes concernés refusent souvent de les prendre à leur compte.

8. Mentionnons seulement entre autres: le Renouveau charismatique, la fondation A.C.T.E. pour les hommes d'affaires, le mouvement des Cursillos, les Équipes Notre-Dame, le mouvement Couple et Famille, la Rencontre, le mouvement des Femmes Chrétiennes, les nombreuses communautés de base dont il est impossible de faire la nomenclature. Pour les plus jeunes, citons: Témoignage-Jeunesse, l'A.C.L.E. (Ass. des comités liturgiques engagés), le R/cube (rencontre avec soi, les autres et le Christ), le

S.P.V. (Service de préparation à la vie), Shalom, la Flambée, l'Étincelle, les cafés chrétiens, etc...

9. M.J. HERSKOVITS, *Les bases de l'anthropologie culturelle*, Petite bibliothèque Payot, n° 106, Paris, 1967, page 216.

10. Nous nous inspirons ici de RENÉ GIRAULT et JEAN VERNETTE, *op. cit.*, page 314.

11. Parmi les causes du désarroi actuel, nous n'avons pas signalé, parce que difficilement analysable, l'action de l'Adversaire, de l'Accusateur, de l'Ennemi de Dieu et de son action dans le monde. Face au fractionnement de l'Église d'ici qui avait été bâtie sur le sang des martyrs et sur la vie héroïque de tellement de nos ancêtres, comment ne pas entrevoir une attaque virulente du «séducteur du monde entier» (Ap 12, 9) dont le pouvoir doit être délié par Dieu pour un temps, comme épreuve de purification pour ses fidèles.

12. GILBERT DURAND, *Les structures anthropologiques de l'imaginaire*, Bordas, ES n° 14, Paris, 1969, page 469.

13. GILBERT DURAND, *op. cit.*, page 468.

14. Nous nous inspirons des conclusions de la grande étude qu'a faite GILBERT DURAND, *op. cit.*, du patrimoine imaginaire de l'humanité, pour qui l'imaginaire est le moyen dont dispose l'esprit humain «pour domestiquer le temps et la mort et pour fonder la pérennité de l'espérance» (page 471).

15. Voir pour cette partie GIRAULT et VERNETTE, *op. cit.*, chapitre 4, pages 357 et ss.

16. Par exemple, les conclusions de l'inventaire du patrimoine symbolique des grandes cultures du monde, tel que le fait dans son ouvrage remarquable GILBERT DURAND, *op. cit.*

17. GILBERT DURAND, *op. cit.*, pages 67 et ss.

18. GILBERT DURAND, *op. cit.*, pages 219 et ss.

19. Cf. l'ouvrage de Zaehner, cité par GIRAULT et VERNETTE, *op. cit.*, page 21.

20. RICHARD BERGERON, *op. cit.*, pages 227 et ss.

21. RICHARD BERGERON, *op. cit.*, pages 271 et ss.

22. Nous adoptons ici la topographie de RICHARD BERGERON, *op. cit.*, pages 77 et ss.

23. *Idem*, pages 98 et ss.

24. ALAIN WOODROW, *Les nouvelles sectes*, Éd. du Seuil, Paris, 1977, pages 99-100; 108, 113, 116-119.

25. Dans un article du *Free Inquiry* intitulé «Ultrafondamentalist sects and Child-Abuse», L.D. Streiker rapporte plusieurs dizaines de jugements de cour concernant des enfants battus ou qu'on a refusé de faire soigner au nom de principes religieux. Voir aussi: *The Children and the Cult*, a special Report by Barbara Grizzuri-Harrison, tiré du New England Monthly, déc. 1984. Les récits énumérés par ces enquêtes sont plus terrifiants les uns que les autres.

26. Les textes sont tirés du livre des Proverbes 13, 24; 19, 18; 22, 15; 23, 13; 29, 15-17; aussi d'Hébreux 12, 4-10.

27. Deutéronome 21, 18-21.

28. Ce texte est repris par le décret *Dei Verbum*, n° 4, de Vatican II.

29. On peut consulter la revue *Actualité*, oct. 1981, page 106 et une dépêche de la Presse canadienne du 22 avril 1985.

30. Voir un article de Bernard Robitaille dans le supplément du journal *La Presse*, le 13 juillet 1985, à la page 7.

31. On trouve de beaux exemples de concordisme dans le livre de JACQUES PAQUETTE intitulé *Apocalypse, prophéties de la fin des temps*, Montréal, 1981. Pour illustrer comment il sera possible, lors de la bataille finale d'Harmaguédon, qu'il y ait du sang «jusqu'aux mors des chevaux, sur un espace de mille cent stades» (Ap 14, 20), l'auteur fait intervenir 200 millions de soldats montés sur des chevaux, qui s'entre-tueront. Le sang versé atteindra (sic) une hauteur de 4 à 5 pieds, sur une distance de 200 milles (page 206). Il faut le faire!

32. Ga 4, 9.

33. On retrouve ce même esprit dans certains courants qui se réclament de la Tradition catholique. Notons les disciples de Mgr Lefebvre, ceux de l'abbé de Nantes et quelques autres mouvements qui voudraient réduire l'Église à sa dimension «verticale». Ils se scandalisent de la voir mettre de côté ses réflexes de condamnation envers les personnes qui dévient de ses principes moraux ou disciplinaires. Ces gens n'ont pas accepté entre autres la déclaration du concile Vatican II sur la liberté religieuse *(Dignitatis Humanæ)* promulguée par Paul VI le 7 décembre 1965.

34. Pour compléter cette dernière réflexion, on peut consulter avec intérêt l'analyse de GILBERT DURAND, *op. cit.*, pages 202-215.

35. Voir HENRI MARROU, dans *2000 ans de christianisme*, «Un tournant décisif», pages 103-107.

36. Voici quelques titres de ces livres qui renvoyaient à l'Ancien Testament: *Le Testament des douze Patriarches, Le Livre des Jubilés, Les Psaumes de Salomon, La vie d'Adam et d'Ève, L'Apocalypse de Moïse, Le Livre d'Hénoch*. Pour le Nouveau Testament: *L'Évangile des Hébreux, des Égyptiens, de Pierre, de Thomas, de Philippe, Le protévangile de Jacques, plusieurs Apocalypses* et *une 3e lettre aux Corinthiens*.

37. Bien développé par RICHARD BERGERON, *op. cit.*, pages 162 et ss.

38. Citons quelques titres qui ont tous été édités dans la collection des Grands initiés, aux Éditions J'ai lu: *Le troisième œil, Les secrets de l'aura, Les clefs du Nirvana, La caverne des Anciens, Le dictionnaire de Rampa,* etc...

39. Dans l'ouvrage de MARILYN FERGUSON, *La révolution du cerveau* (Calmann-Lévy, Paris, 1974, pages 323-341), l'auteur montre qu'il s'agit là de propriétés non explorées du cerveau humain, que l'investigation scientifique a prises en charge depuis quelques années et largement démystifiées.

40. Pour un exposé plus approfondi et plus complet, on consultera avec avantage le chapitre 10 de l'ouvrage de RICHARD BERGERON, *op. cit.*, pages 241 à 288.

41. Sur les origines de la théorie de la réincarnation, voir: EDMOND ROBILLARD, *La réincarnation, mythe ou réalité?*, Éditions Paulines, Montréal, 1981, chapitre II à IV.

42. Sur les différentes formes de la théorie de la réincarnation au cours des âges et l'orientation nouvelle qu'on lui donne aujourd'hui en Occident, on consultera avec avantage le résumé qu'en présente RICHARD BERGERON dans un livret intitulé *Un chrétien face à la réincarnation*, Novalis, Ottawa, 1985, pages 13 à 23.

43. Cette idée est développée en particulier dans un ouvrage de JEAN-LUC HÉTU, *Réincarnation et foi chrétienne*, Éditions du Méridien, Montréal, 1984, chapitre cinquième.

44. Voir *op. cit.*, pages 307 à 320.

45. *Ibidem*, page 311.

46. Nous nous sommes inspirés, pour ces articles, des données du *Dictionnaire biblique universel* de L. MONLOUBOU et F.M. DU BUIT, Desclée/ Anne Sigier, Paris, 1984.

47. Par exemple AIVANHOV OMRAAM MIKHAEL, *La réincarnation*, Éditions Prosveta, n° 163, 1978, pages 1 à 11.

48. Voir la note de la *Bible de Jérusalem* à Mt 16, 14.

49. Voir EDMOND ROBILLARD, *op. cit.*, pages 157-158.

50. JEAN-LUC HÉTU, dans *Réincarnation et foi chrétienne*, malgré qu'il donne sa faveur aux thèses de la réincarnation, doit admettre que la Bible n'en parle pas (pages 183-185). Pourquoi? Probablement, dit-il, pour les mêmes raisons qui poussent les théologiens actuels à rejeter cette idée, soit la peur d'avoir à assumer jusqu'au bout le défi de l'aventure humaine et de faire face à la responsabilité de ses erreurs (page 15). Cet argument nous semble bien mince. Quel est l'effort le plus considérable pour l'esprit humain: avoir à envisager plusieurs vies ou accepter de s'abandonner à

l'amour gratuit de Dieu, sans égard à ses mérites et à la logique de sa raison raisonnante?

51. L'auteur, GILBERT DURAND, partage les symboles synthétiques en deux familles: les symboles cycliques et les symboles rythmiques, insistant tantôt sur leur pouvoir de réconcilier ou de récapituler les contraires, tantôt sur celui de créer un mouvement de progrès vers l'avant. On trouvera ces développements aux pages 321 à 433, *op. cit.*

52. Un humoriste américain, ex-magicien, du nom de James Randi se promène avec un engagement écrit de payer 10,000$ à toute personne qui pourra pratiquer la lévitation, prédire un événement raisonnablement imprévisible avec précision, guérir quelqu'un par une intervention paranormale, détecter une «aura», être capable d'un voyage «extra-corporel» ou de perceptions «extra-sensorielles», etc... Il fait partie du «Committee for the Scientific Investigation of Claims of the Paranormal». Il semble que personne n'ait pu, à ce jour, endosser son chèque. Voir *Québec-Science,* septembre 1980, vol. 17, n° 3, pages 36-40.

BIBLIOGRAPHIE

A) Ouvrages généraux:

BERGERON, RICHARD, *Le cortège des fous de Dieu* (Un chrétien scrute les nouvelles religions), Éditions Paulines, Montréal, 1982.

GIRAULT, RENÉ et VERNETTE, JEAN, *Croire en dialogue*, Droguet et Ardant, Paris, 1979.

Comité de Pastorale Rive-sud, *Un nouveau phénomène, la multiplication des groupes religieux* (Un éclairage pour les catholiques), Québec, 1982.

B) Ouvrages et articles de revue sur les sectes:

BÉLANGER, SYLVIE, *Le sort des enfants qui vivent au sein de certaines sectes...* dans «Justice», avril 1985, pages 28-33.

CHAGNON, ROLAND, *La scientologie, une nouvelle religion de la puissance*, HMH, Hurtubise, Cahiers du Québec, Montréal, 1985.

CHAGNON, ROLAND, *Les nouveaux regroupements chrétiens*, dans «Bulletin d'entraide missionnaire», octobre 1979, vol. XX, n° 3, pages 119-120.

CHÉRY, HENRI-CHARLES, *L'offensive des sectes*, Éditions du Cerf, (Rencontres, n° 44), Paris, 1959.

CHÉRY, HENRI-CHARLES, *Qu'est-ce qu'une secte?* dans *2000 ans de Christianisme*, tome 5, pages 165-193.

CÔTÉ, PIERRE-RENÉ, *Les sectes, notre pastorale en accusation*, dans «Pastorale-Québec», 1978, n° 17, pages 423-470.

DE GIBON, YVES, *Des sectes à notre porte*, Éditions du Chalet, Paris, 1979.

DUVAL, DENIS, Dossier: *Aux frontières de l'Église*, dans «Pastorale-Québec», 1978, n° 17, 415-422.

FÊTES ET SAISONS (revue), *Les sectes*, 1975, n° 292.

FÊTES ET SAISONS (revue), *Sectes, la nouvelle vague*, 1976, n° 305.

FÊTES ET SAISONS (revue), *Les Témoins de Jéhovah*, 1980, n° 348.

FOUCART, ÉRIC, *Sectes et mouvements religieux marginaux*, Centre de recherches en soc. relig. U.L. Bibliographie sélective, Québec, 1979.

GOSSELIN, J.-PIERRRE et MONIÈRE, DENIS, *Le trust de la foi*, Éditions Québec-Amérique, Montréal, 1978.

GRIZZUTI-HARRISON, BARBARA, *The Children and the Cult*, dans «New England Monthly», décembre 1984, pages 56-70.

HISTORAMA (revue), *Sectes et prophètes du XXe siècle*, octobre-novembre 1978 (hors série), n° 36.

HISTORIA (revue), *Les sectes* (numéro spécial), 1978, 382 bis.

LANDA, SHIRLEY, *Child Abuse in Cults*, 5e Conf. int. de l'enfance maltraitée, Montréal, septembre 1984.

LAUNIÈRE et GAGNON, *Un marketing transcendantal*, dans «Québec-Science», vol. 17, n° 3, septembre 1980.

LEDUC et DE PLAIGE, *Les nouveaux prophètes*, Éditions Buchet-Chastel, Genève, 1978.

MARTUCCI, JEAN (tract), *Les témoins de Jéhovah*, Socabi-Novalis, Ottawa, 1978.

MELANÇON, BRYAN, *Les sectes sont-elles une interpellation pour les chrétiens?* dans «Nouveau Dialogue», novembre 1980, n° 37, pages 3-5.

NOVALIS (tract), *Le labyrinthe, un catholique s'interroge sur les nouvelles religions*, Ottawa, 1983.

L'ORATOIRE (revue), *Les nouvelles religions*, septembre 1983, vol. 72, n° 5, pages 3-15.

REVUE NOTRE-DAME, *La percée des sectes au Québec*, septembre 1975, n° 8.

REVUE NOTRE-DAME, *Nouveaux groupes religieux, une révolution dans l'ombre*, septembre 1978, n° 8.

TRACTS BIBLIQUES, *Les témoins de Jéhovah*, n° 4, 1984, Centre biblique, Montréal.

TRACTS BIBLIQUES, *Sommes-nous sûrs de notre salut?*, n° 6, 1984, Centre Biblique, Montréal.

VERMANDER, J.-M., *Des sectes diablement vôtres*, Éditions Soceval, Paris, 1979.

VERNETTE, JEAN, *Des chercheurs de Dieu hors frontières*, Desclée de Brouwer, Paris, 1979.

VERNETTE, JEAN, *Sectes et réveil religieux*, Éditions Salvator, Paris, 1976.

VERNETTE, JEAN, *Le foisonnement des sectes*, dans «Nouvelle Revue Théologique», septembre-octobre 1981.

WILSON, BRYAN, *Les sectes religieuses*, Éditions Hachette, Paris, 1970.

WOODROW, ALAIN, *Les nouvelles sectes*, Éditions du Seuil, Paris, 1977.

C) Ouvrages et articles de revue sur les groupes gnostiques:

BERGERON, RICHARD, *La gnose parmi nous*, dans «Nouveau Dialogue», septembre 1979, n° 31, pages 15-18.

BERGERON, RICHARD, *Un chrétien face à la réincarnation*, (brochure), Novalis, Ottawa, 1985.

CHAGNON, ROLAND, *Trois nouvelles religions de la lumière et du son*, Éditions Paulines, Montréal, 1985.

CORNELIS et LÉONARD, *La gnose éternelle*, Éditions Fayard, Coll. Je sais, Je crois, n° 146, Paris, 1959.

JAMES, MARIE-FRANCE, *Les précurseurs de l'ère du Verseau*, Éditions Paulines, Montréal, 1985.

HÉTU, JEAN-LUC, *Réincarnation et foi chrétienne*, Éditions du Méridien, Montréal, 1984.

MARROU, HENRI, *Un tournant décisif*, dans *2000 ans de Christianisme*, Aufadi, Paris, 1975, tome I, pages 103-107, 145-146.

PASTORALE-QUÉBEC (revue), Dossier sur la réincarnation, octobre 1977.

REVUE NOTRE-DAME, *La réincarnation*, n° 5, avril 1974.

REVUE NOTRE-DAME, *Propos sur la réincarnation*, n° 5, avril 1985.

ROBILLARD, EDMOND, *La réincarnation, rêve ou réalité?*, Éditions Paulines, Montréal, 1981.

ROBILLARD, EDMOND, *Le petit livre de Raël*, dans «Église canadienne», n° 7, 1980, page 207.

SOCABI (Carnets bibliques), *L'attrait du mystérieux* (Bible et ésotérisme, 2e série) Ottawa, 1981.

SOCABI (Carnets bibliques), *Faites vos jeux, réincarnation et résurrection* (1ère série), Ottawa, 1979.

TRACTS BIBLIQUES, *Réincarnation et résurrection*, n° 2, Montréal, 1984.

D) Cassettes:

BERGERON, RICHARD, *Pourquoi tant de sectes chez nous?* Info-cassettes, Montréal, 1983 (3 cassettes).

MARTUCCI, JEAN, *Les témoins de Jéhovah et les Mormons*, Socabi-Novalis, Ottawa, 1978.

TABLE DES MATIÈRES

Collection
NOTRE TEMPS

Imprimerie des Éditions Paulines
250, boul. St-François nord
Sherbrooke, Qc, J1E 2B9

Imprimé au Canada — Printed in Canada